マハティール語録
若者よ、元気かい？

チェデット
マット・ロディ 編著

稗田奈津江 訳

ITBM
Institut Terjemahan & Buku Malaysia
Malaysian Institute of Translation & Books

公益社団法人 日本マレーシア協会

nubook

Kuala Lumpur
2020

nubook

TERUS TUMBUH!

以下のアドレスからアクセスできます！

 salam.nubook@gmail.com

 facebook.com/nubookpress

 twitter.com/nubookpress

 instagram.com/salamnubook

This book マハティール語録　若者よ、元気かい？ is a correct translation of the book *Dr. M: Apa Habaq Orang Muda?* originally published by NuBook Press, No 19 Jalan 8/ D, Seksyen 8, Bandar Baru Bangi, 43650 Selangor, Malaysia.

Jointly Published by:

INSTITUT TERJEMAHAN & BUKU MALAYSIA BERHAD
Wisma ITBM, No. 2, Jalan 2/27E
Seksyen 10, Wangsa Maju
53300 Kuala Lumpur
Malaysia
Tel.: +603-4145 1800   Fax: +603-4142 0753
E-mail: publishing@itbm.com.my   Website: www.itbm.com.my

AND

JAPAN-MALAYSIA ASSOCIATION
1-1-1, Hirakawacho
Chiyoda-ku, Tokyo
Japan 102-0093
Tel.: +813-3263-0048   Fax: +813-3263-0049
Website: www.jma-wawasan.com

AND

NUBOOK PRESS
No 19 Jalan 8/ D, Seksyen 8
Bandar Baru Bangi
43650 Selangor
Malaysia
Tel.: +6012-444 6552
E-mail: salam.nubook@gmail.com   Website: www.dubookpress.com

First Printing 2020
Translation © Mat Rodi
Publication © Institut Terjemahan & Buku Malaysia Berhad, NuBook Press
and Japan-Malaysia Association
Original Text © Chedet and Mat Rodi
Photos © NuBook Press

Printed in Japan

元植民地支配者や他の民族と同じくらい低い
ほんの少しだけ高いかもしれない
かつて政治が助けてくれた
民族を守り続ける
国が築かれ、民族が築かれ、宗教が崇められていた
その後…
残念で、悲しい
民族は強く、たくましかった
欲望と欲心に襲われる
独立から何を得たのか？
自分の役目は何なのか？
やる気がなくなり、欲を抑える力もない

何かを得るのは大変なのに、楽とはどういうことか？
そして、欲望と欲心は、政治家と金持ちに利用され、贈賄になる

独立した民族
高潔な民族
今、権利を少し売ろうとしている
投票権、議決権
努力なしで快楽を得るため、ほんの少しの快楽

尊厳が売られる
民族が売られる
国土が売られる
全てが売られる
快楽は一時のみ、快楽は少しのみ

かつては政治が助けてくれた
今は政治がめちゃくちゃだ
リーダーはますます欲深い
高い身分と地位のため

マレーシア、我が祖国

我が祖国、マレーシア、我が国土、90年前の土地

血がこぼれ、私は生まれた
植民地化された民族の子として生まれた
見知らぬ人に仕えて育った
屈辱と侮辱
いつも恵まれない民族
茅葺屋根の小屋に住む
木の壁と床
だが、ほかの人よりまだましだ
彼らの小屋はぼろぼろで、雨が降ったら雨漏りだ
水道はなく、電気もない
足は裸足で、ガサガサだ
高熱が出ると、時に死に至る
私は生き残った、私は学校に行った、私は大学に行った
私は運が良い方だ
アッラーは私を哀れんだ
一民族に植民地化され、後に再び二民族に植民地化された

我が民族は、いつも植民地にされているのか？
アルハムドゥリッラー
覚醒のおかげで、闘争のおかげで、団結のおかげで

我が民族は解放された、独立だ
独立とは、植民地化されないという意味なのか
独立とは、苦しみ続けるという意味なのか
違う、違う、違う
独立とは、発展を意味するのだ
発展だ、自分の足で、どこまでも

写真出所:
mforum.cari.com.my

以下のものなくして、本書の誕生はあり得ませんでした。

- マハティール氏のご賛同、及び、捻出してくださったお時間
- シャムスル・アクマル氏とスフィ氏による全面的なご協力
- マズラン・フッサイン氏のアイディアとご提案
- ドゥ・ブック出版社長ファジラ・フッサイン氏によるご尽力
- ご家族、奥様、ご友人のご支援

マハティール語録
（ペンネーム：チェデット*）

＋

ラジ・タジュッディンによる解説
（ペンネーム：マット・ロディ）

*チェデット（Chedet）は、マレーシア第4代・第7代首相のマハティール・モハマド氏が、1946年から50年にかけてサンデータイムズに投稿していた際のペンネーム。現在でも、オフィシャル・ブログのタイトルなどに用いられている。

マハティール語録　若者よ、元気かい？
日本語版出版記念会におけるスピーチ

　この本の原著のタイトルは「Apa Habaq Orang Muda?（アパ・ハバク・オラン・ムダ）」ですが、これはマレー語の標準語ではありません。これは私の出身地の方言で、マレー半島北部で話されている言葉です。「ハバク」という言葉の元の形は「カバル」ですが、私の方言では「ハバク」のようになまります。私の方言はどうも荒々しく響くようですが、幸いにも多くの人がそれを聞いて理解することができています。

　マレーシアの初代首相も、私と同じくケダ州出身であるのは、感慨深いことです。彼は、半島南部のマレー語が標準語とみなされていることで、苦い経験をしていたようです。実際に、彼の発する言葉は、他の地域に住むマレーシア人によく笑いの種とされていました。

　さて、この本に話を戻しますが、紀伊國屋書店が協力に関心を示してくださるほど、この本が注目されるようになるとは思ってもいませんでした。

　本書の目的は、あらゆる問題について私が日頃考えていることに対する理解を深めていただくことです。ご存知かもしれませんが、私はかつて22年間、マレーシアの首相を務めました。その間に、自分の意見を述べる機会も多くありました。自分のものの見方はほかの人と何ら変わりはない、普通の見方であると私自身は思っていたのですが、どうやら、それは違うようでした。

　読者の皆さんは、この本はためになって、面白いと感じてくださっているようです。かつて首相を務めていた22年間に私が考えていたこと、そして、私がマレーシアにもたらした変化についての理解を深めるのに、この本がお役に立てれば幸いです。また、この本を読んだ人たちが、リーダーの役割についての洞察を深め、本書で述べられている私の考えの一部を採り入れることによって、更なる成功を収めることもあるかもしれません。

多くの日本人がこの本を手に取ってくださることを祈念しております。マレーシアに関する私の著書が日本で翻訳出版されるのは、これが初めてではありません。私の前著、『Doctor in the House』も日本語に翻訳され、要約版として出版されています。現在、完全版の準備が進められているところです。皆さんにはこの本も併せてお読みいただければと思います。

　本書のタイトル「Apa Habaq Orang Muda?」は、日本語で「若者よ、元気かい？」という意味です。もしかすると、私が今までに行ってきたことは十分ではないかもしれませんが、そのことを若者たちがよりよく理解し、改善していってくれることを期待しています。

　ご清聴どうもありがとうございました。

マハティール・ビン・モハマド
2019年9月7日、フォーシーズンズホテル京都にて

はしがき

　マハティールという名前を聞いたことがない人はいないでしょう。若者から高齢者に至るまで、マレーシア国内外のほぼ全ての人が、この著名人に対して何らかの独自のイメージを抱いていることでしょう。

　驚愕、そして、誇り。嫌悪感、そして、苛立ち。これらの気持ちや捉え方は全て、その都度ころころと変わり得るものなのです。彼が舞台に上がる度に。そして、言葉が発せられる度に。

　政治家というものが、彼らのイメージ作りのために様々な「帽子」をかぶっている人であるならば、マハティールはこれまでにそれらの帽子を脱いだことはありません。民族啓蒙家、経済専門家、国民のリーダー、そして、文筆家としての帽子。これらにより、彼はあらゆる分野において発言する「権威」を与えられてきました。いや、何より彼自身が、あらゆる事柄における正当性を説明し得る権威そのものなのです。

　1940年代初期から今日に至るまで、彼の話を聞いたことがある人ならだれしもが、彼の言わんとすることがいかに明快で一貫しているかを知っていることでしょう。彼の懸念、心配、見識、提言は、今日においても適合しており、時代を先取りしていたものさえあります。

　本書　マハティール語録　若者よ、元気かい？　は、彼の素晴らしい言葉の数々を集めました。そして、それらを、リーダーシップ、教育、経済、民主主義、国際社会を含む、10のカテゴリーに分類してまとめました。

　ところで、なぜ、若者なのでしょうか？

　スカルノ（インドネシア初代大統領）の言葉に、「我に10人の若者が与えられたならば、世界を動かしてみせる」というものがあります。し

かし、一体どのような若者のことを言っているのでしょうか。ただ単に賢いだけの者や愚かな者では世界は動かせないでしょう。

　もし、若者たちが、民族アイデンティティを強く持っているならば、崇高な価値体系を持っているならば、明確な国家観を持っているならば、彼らは世界を変えるだけではないでしょう。彼らは、より良いものを数多く採り入れ、新しい世界を築くことでしょう。

　このような思いから、本書は生まれました。この語録を通して、マハティール（チェデット）がどのような人物なのかをより詳しく知ることができればと思います。マレーシアの星。第三世界の星。そして、自分で考えようとする人の魂に宿る星。

マット・ロディ
（ラジ・タジュッディン）

2016年4月4日　プトラジャヤの執務室にて
本書　マハティール語録　若者よ、元気かい？　の企画相談時における
ラジ・タジュッディン氏（マット・ロディ）とマハティール氏（チェデット）

マハティール語録　若者よ、元気かい？
出版に寄せて

　本書のタイトルは「若者よ、元気かい？」です。もし、私がそのように尋ねられたならば、お答えすることができません。なにしろ、その時代は60〜70年も前に通り過ぎてしまいましたから。

　それはさておき、色々な民族から成るマレーシアの多くの若者たちが、今日このように時間を割いて、ここに集まっているのを見て、大変うれしく思います。このイベントは単なるエンターテイメントではないにもかかわらずです。それにしても、今ここにいるマレーシアの若者はなんと幸運な人たちでしょう。

　ほかの地域の若者たちを見てごらんなさい。例えば、ヨーロッパの国々の中にも、日々の生活がままならず、やむを得ずほかの国へ避難しなければならない人たちがいるのです。

私は、若者特有の「若さ」というものは、非常に大切なものだと思っています。なぜなら、若者は、何をいいと感じるのか、何を悪いと感じるのか、その気持ちによって動くことができるからです。つまり、若者は、妥協を好まず、自分の理想に向かって生きているのです。

　若者が抱く理想や感情は、ある一定の経験が積まれるまで続きます。そして、あるとき、なぜそれが「理想」と呼ばれ、実現がいかに難しいかを分かる時が来るのです。

　だんだんと年を重ねるにつれ、彼らはより保守的になり、「見せかけの安全」を求めるようになります。そして、あまりに保守的になり過ぎたときには、彼らは、自分たちにも若者の時代があり、何らかの理想を抱いて生きていたことをすっかり忘れてしまうのです。

　こうなると、若者が今何を求めているのか、なぜそれが「理想」と呼ばれているのかを理解することが難しくなってしまいます。今は高齢の者もまた、かつては同じように理解してもらえないという経験をしてきたのです。

私自身、まだ若かったとき、いろんなことに不満を抱いていました。でも、今になって分かるのは、当時の大人はそれなりに、そのときできる精一杯のことをしていたのだろうということです。

　つまり、意見やものの見方、「理想」は、若者から大人になるにつれ変化していくものであり、このような変化は、昔から繰り返されてきたのです。

　先人の歴史から学ぶことは、若者の成長に大いに役立つことでしょう。より合理的で、客観的な見方ができるようになるでしょう。ただ、私のこれまでの言葉が、今の若者の教育に十分に役立つかどうかはわかりませんが。

　しかし、そうなることを願っています。

最後になりますが、本書の出版に尽力されたラジ・タジュッディン氏に心より感謝致します。

マハティール・ビン・モハマド
2016年6月4日、パブリカ・ショッピングモールにて

目次

1. マレー・アイデンティティ

2. 価値体系

3. 宗教

4. リーダーシップ

5. ビジョンと発展

6. 経済

7．教育

8．メディア

9．国際社会

10. 民主主義

1 マレー・アイデンティティ

はじめに

　マハティールが国と民族をこよなく愛する愛国主義者の一人であることを否定する人はいないだろう。彼はマレー人の問題について1940年代初めに「ニュー・ストレーツ・タイムズ」という現地新聞に既に発表しており、続いて1970年に『マレー・ジレンマ』という一冊の論争本を刊行したが、後にマレーシア政府によって発禁処分となった。

　現在のマレー人政治家で、マレー民族の問題について頻繁に声を上げている人が、一体どれくらいいるだろうか。

　マレー民族について語るとき、マハティールは歯に衣着せぬ物言いをする。時々ほのめかすこともあるが、たいていは耳が痛いものだ。皮肉なことに、マレー民族をいつも批判している彼が、最も伝統あるマレー系政党の党首に抜擢され、ひいては首相にまで任命された。

　彼は、おそらく、マレー民族を批判することで国家首相にまで「のぼりつめた」唯一の人物だろう。

　このことは、彼がマレー民族啓蒙家として、皆に心から信頼されていることを示している。仮に、ほかのだれかがマレー民族をめちゃくちゃに批判したとしたら、その人は必ずやこてんぱんにやっつけられることだろう。しかし、マハティールは違った。

　実際に、マハティールがほかの批評家と異なる点は、マハティールは批判もするけれど、マレー民族向上のためにあらゆる方策を講じていることである。ほとんどの批評家は、批判したり、文句を言ったりするだ

けで、責任ある行動は何もしていないのである。

　マハティールのマレー民族を強く愛する精神を快く思っていない人の中には、彼をウルトラ・マレー（極端なマレー人優先主義者）やレイシスト（人種差別主義者）呼ばわりする人もいる。しかし、またしても皮肉なことに、この「ウルトラ・マレー」の政治家が、5回の総選挙において自らの政党を指揮する際に、他民族から3分の2以上の支持を得ていたのである。

写真出所：kinibiz.com

自我を見失ったマレー人への批判

　マレー人は白人に媚びるのが好きで、「マット・サレー（白人）」に飴をばらまかれると大喜びする。実際は、白人たちは大したことはしていないのに、マレー人が勝手に彼らを称賛しているのである。

　不幸なことに、マレー人はちょっとした権力を持つことに不慣れである。ほんの少しの地位を与えられただけで、彼らは偉そうに振る舞い出す。そして、上司の命令に従い、部下にあれこれと指示を出し始める。

　自我を見失ったマレー人は暴動を巻き起こし、それにより行政の努力は水の泡となる。暴動によってのし上がった者はまた、暴動によって突き落とされる。

　権力者に対する圧力は、外国人を含み、いろいろな人からなされる。これにより、経済の回復がうまくいかないばかりか、以前はあった自由に対する強い誇りまでもほぼ消え失せてしまう。

　これが、暴動による改革が引き起こした結果である。乱暴な改革者たちが我が国を崩壊していくのを、我々は黙って見ているのだろうか。
（『マレーは忘れやすい』、2001 年）

　今日、マレー人であることを恥ずかしがる人がいる。自分がムスリム（イスラーム教徒）であることは認めるが、マレー人であることには誇りが持てないらしい。とはいえ、彼らは、ムスリムとしての気質や特性を見せているわけでもない。ムスリムなら、ムスリムらしく振る舞えばいいのだ。

　ムスリム同胞よ、共に力を合わせよ。政治のためなら、彼ら（全マレーシア・イスラーム党）は何でも適法として認めさせようとするのだ。
（マレー国民ペルカサ NGO 協議会、2010 年）

　若者世代の中には、マレーの特質を捨て、マレーシア人として生きることに何の問題があるのかと思っている人がいる。このような意見に対して何も反論しないでいると、我々マレー民族を優先する必要はないという考えに陥ってしまう。

　そして、我々マレーシア人は既に十分に発展した国に住んでいると考え、マレー民族の重要性を差し置いても、生活が向上していくと考えている。しかし、実際は、マレー人はまだ安定した地位を得ていない。できることなら、彼らに気付いてもらいたい。自己中心的で、古臭い考えにとらわれたままではいけないのである。

（シナル・ハリアンでのトーク、2013年1月）

マレー系レイシストとしての中傷に対する回答

　今日マレー人は、この国はマレー人のものだとは言えなくなった。この国をマレーの国土として紹介することもできなくなった。日本は日本人の国だと言うことができる。韓国は韓国人の、中国は中国人の、インドはインド人の国である。しかし、マレーの国は、マレー人の国ではない。かつてはそうであったかもしれない。しかし、今は違う。

（プリブミ・ペルカサ・ネガラ総会、2009年）

　もし、マレー人が、自分たち自身の問題について語ることを許されないならば、彼らはおそらく、自分たちの国にありながら、権利を取り上げられた民族なのである。

　我々が最も大切にするのは、我々民族の尊厳である。これ以上、踏んだり蹴ったりされるのはこりごりである。仲間からも、敵からも尊敬されるようになるべきなのだ。

（プリブミ・ペルカサ・ネガラ総会、2009年）

　私は、先住民族とマレー人のために、これからも声を上げ続ける。もしも、私のことをレイシストと呼ぶのであれば、そうだ、私はレイシストだと言おうじゃないか。

(UMNO代表者の非公開説明会、2013年)

マレー人に対する悲しみ

　私は悲しい。別に私の悲しみが、だれかの同情を引くのを期待しているのではない。ただ私自身の気持ちを述べているに過ぎない。これは、私自身の民族、マレー人を見たときの気持ちである。こんなにも感謝することを知らず、こんなにも忘れやすい、こんなにもほかの人に影響されやすく、従わされやすい。そして、ついには、自民族をけなし始める。

(ミングアン・マレーシアのインタビュー、2012年)

マレー人と金句

　マレー人は自分たちの歴史を忘れやすい。それどころか、彼らは自分たちの歴史を、自分たちの都合のいいように塗り替えようとしている。自分たちの作り話で満足し、自信を持とうとしているのだ。それゆえに、彼らは「マレーは永遠に不滅である」というハン・トゥア（歴史上の国民的英雄）の文言を好んで口にする。今日に至るまで、確かに我々は消滅してはいない。しかし、何をもって、マレーは消滅していないと言えるのか。マレー人はもう民族として成功し、威厳を放っているのだろうか。

(『マレーは忘れやすい』、2001年)

　「マレーは永遠に不滅である」とは、ハン・トゥアの言葉である。この金句は、マレーが本当にこの世から永遠に不滅であることを保証してくれるのか。マレーシアにおいて、マレーの消滅は現在進行形なのである。現に、マレーの若者の中には、マレー人であることを厭う者がいる。自分はマレーシア人なのだと。中には、ただムスリムであることのみを自

認し、マレー民族であることは自分とは関係がないと言う者もいる。

だが、実は、この世からマレーを消滅させているのは、マレー民族について語る者は「レイシスト」呼ばわりされるという罪意識なのだ。それゆえに、マレー人は「レイシスト」のレッテルを張られるのを恐れて、マレーという言葉を口にするのも憚るようになってしまった。

ハン・トゥアがお気の毒だ。おそらくこのままでは彼の言葉が真実であり続けることはない。我々が運命を金句に任せっぱなしにするのであれば、ついにはその金句も消え失せてしまうのである。

（マレーは永遠に不滅である、チェデット、2012年）

マレー人優遇の概念

マレー人は、自分たちが政府から優遇されていることを一種の栄光だと思っている。しかし、実際は栄光などではない。例えば、国内において、我々が一定期間保護されなければならないというのは、アメリカ・インディアンが仕方なく保護されるのと同じことである。なぜなら、自立できていないからであり、我々はますます弱者になっていくばかりである。

（ミングアン・マレーシアのインタビュー、2001年）

我々が「主」になれるのは、我々が成功したときである。他人に頭を下げなければならない状態で、「マレー人優遇」とは一体どういうことなのか。

（マレー・ペルカサ集会、2011年）

仮に、全ての中華系住民を追い出したら、どうなるのか。一体どうなるのか。社会は麻痺状態になるであろう。我々は現実を見据えて、真実に向き合わなければならない。我々が本当にしなければならないのは、自分たち自身を向上させることなのだ。

（マレー・ペルカサ集会、2011年）

　もし、我々が富を得たら、華人やほかの人の土地を買うことができる。華人より賢くなったならば、競争社会で勝つことができる。マレー人だけ特別に優遇する必要などないのである。マレーシアの中華系住民は、特別な権利など持っていない。彼らはある意味差別されている。しかし、彼らは我々よりも成功しているではないか。

（ミングアン・マレーシアのインタビュー、2001年）

マレー人を変える

　マレー人を変えたい。ほかに何がある…いい例を見せなければと、例を見せたし、教えが必要ならばと、教えもした。怒りもしたし、泣きもした。祈りもした。もうやれることは全てやったのだ。

（ミングアン・マレーシアのインタビュー、2001年）

　マレー人気質を変えることは、極めて困難な課題である。いずれにせよ、100％完全に失敗したわけではない。幾分か彼らの考え方を改めることができた。今日成功を収めたマレー人も結構いるのである。

（第15回講義「積極的格差是正措置の未来」、2012年）

マレー・ジレンマについて

　マレーの新たなジレンマとは何か。かつてのジレンマは、自助努力のためにものの見方を少し変えさせられるかどうかであった。新しいジレンマは、すっかり使い慣れて、一種の誇りとさえなってしまった杖（政府の援助）をまだ必要としているのかどうか、捨て去ることができるのかどうか、ということである。

　マレー人の中には、数少ない人たちではあるが、少しずつ杖を外していくことに十分な自信を持っている人たちもいる。しかし、彼らはごく一部の少数派である。彼らのような人たちが、近い将来増える見込みは

ない。彼らは、マレー民族の異端者と見なされているのだ。

　　　　　　　　　　（新たなマレー・ジレンマ、2002年8月23日）

　強く、へし折れない、政府からの援助がなくてもやっていける、そういったマレー民族を形成したいと願う、ごく少数のマレー人たちもまた、ジレンマに直面している。彼らは煙たがられ、影響力をそがれてしまっているために、文化や価値体系を改善できずにいる。マレー人は、杖をとる試みをほとんどしていないかのようであるが、彼らは、変化なくしてマレー人文化を守れないことをちゃんと分かってはいるのである。

　　　　　　　　　　（新たなマレー・ジレンマ、2002年8月23日）

マレー人統合に関する批評

　今日我々は、大衆の力を生かそうとすることはなく、個人の利益を大切にしている。もしも、マレー人が民主主義体制による勢力拡大に失敗したならば、彼らはあてもなく、宗教を用いる側（全マレーシア・イスラーム党）とリベラルを掲げる側（アンワル）に分かれてしまう。今日、この分断のために、マレー人はもはやマジョリティとしての確固たる力を持ち得ていない。そのために、少数派からの支持が得られないことを恐れ、少数派に頭を下げて回るようになった。我々は、少数民族に政権を乞うているのである。

　マレー人は元々、選挙においては80％の勢力を占めていた。独立後は、他民族にも選挙権を与えたために、60％になった。そして今日、マレー人は「少数派」になってしまった。なぜなら、マレー人は今でも国民の60％を占めているというのに、三つのグループに分断してしまっているからである。

　　　　　　　　　　　（マレー・ペルカサ集会、2011年）

　実際のところ、マレー人は非常に幸せ者である。なぜなら、イスラムという共通の恩恵を享受しているからである。かつてマラヤ連合に立ち向かうために、マレー人は力を合わせようという声がかかったとき、彼ら

は即座に応答し、一つにまとまることができた。だれがどの州出身かなどを気にする者はいなかった。

　マレー民族はイスラム教で強く結びついていれば、分断されることなどないはずなのに、この結びつきがもたらす恩恵は既になくなってしまっている。結果としてあるのは、分断、脆弱、堕落である。そして、ついに、マレー人は自分の国にいながら、物乞いになってしまった。他人に助けを求めてばかりいるのである。物乞いマレー人は、自分たちを助けてくれる人の言うことに従うだけになるのである。

（ムラユ・イスラム、チェデット、2012年）

　分断により、我々は弱くなってしまった。我々は、おそらく55年前のことを忘れてしまっている。この国の、全てのイスラム教徒とマレー人が、マラヤ連合を倒し、独立を勝ち取るために立ち上がったのである。当時、ムスリムは決して強者ではなかったが、それでもマラヤ連合を打ち破ることができた。それは、我々が一致団結していたからである。資金があったわけでも、軍事力があったわけでもない。それでも、みんなが一つにまとまることで、マラヤ連合を打ち負かすことができたのだ。

（ジェルルンのアルエッサン・モスクにおける
断食明け夕食会、2011年）

マレー人と商業に対する見方

　私はまだ小さいとき、文化によって違いがあることに気が付いた。マレーの子は、お金を持ってお店へ行き、お金を払って、商品を受け取る。華人の子は、カウンターの後ろに座って、お金を受け取り、商品を受け渡す。そこにもう違いがはっきりと表れていた。

（著者インタビュー、2016年）

　仮に、ブミプトラ（土着民）の事業主に商売のために100万リンギットを融資したとしよう。彼らはそのうちの半分を、高級車やほかの物を

購入するのに使うであろう。借りたお金は商売のために有効活用されなかっただけではない。彼らは借りている分の利子も払わなければならないのである。

　マレー人が商売に失敗してしまうのは、もうけがあると、それを次への投資や事業拡大に使わずに、ほかのことに使ってしまうからである。

　ほかの人がナシレマを売って成功していると思ってはならない。みんなそろって同じ食べ物を売りに行き、結局は失敗してしまうのだ。

（木材産業ブミプトラ起業家集会、2012年）

民族の地位向上のための闘い

我々の闘いはまだ終わっていない
忍耐強い者のみが
成功した民族の
象徴となることができるのだ

（ウトゥサン・詩の朗読会、1996年）

マット・ロディ

発展したマレー人とはどのようなもの？

マット・ロディ記（2016年5月22日）

あらゆる民族はそれぞれ、自民族を強く愛する心を持っている。これはいたって正常なことで、この心意気が、独立を勝ち取ることにつながったのである。

フランス人とイギリス人は「相いれない」と言われている。「フランス」民族は、自分たちの民族文化を大切にしているがゆえに、英語を話すことを嫌がっているほどである。アイルランド人やスコットランド人は、イギリスの一部ではあるが、そのように呼ばれることを何とも思っていない。日本人、ドイツ人、インドネシア人においても同様である。これらの民族は、自民族に対する誇り高きアイデンティティを確立している。

それなのに、マレー民族においては事情が異なっている。彼らは、愛国主義の概念はもう通用しないと思っている。そして、民族を想う気持ちが発展を妨げ、後退をもたらすと考えている。彼らはまた、強い民族愛を持つことで、レイシストと罵られることを恐れている。

おそらくマレー人は、自分たちの民族は既に独立を果たしており、自分たちはもう安全なんだと思っている。だとしたら、なぜ、自民族に誇りや愛情を持つことが必要なのであろうか。

マハティールは時代を先読みし、このことについて正確に予測していた。2001年に（あるいはもっと早くから）、彼は質問し始めていた。「永遠に不滅なのは、一体どのようなマレー人のことを言っているのか」と。

　彼は言った。現代的で発展したマレー人は、マレー・アイデンティティ
を強く持ち続けているのか。彼らは、外部の文化をまねたり、ただ追随
したりすることなく、独自の文化基盤を維持し続けることができるのか。

　15年の月日が流れ、彼の懸念は現実となった。

　今日、確かに、多くのマレー人が成功し、富を築き、より豊かな生活
を送るようになった。ところが、彼らの多くが、自分たちの背後にいる
自民族を助けるのは恥ずかしいと思っているのである。

　政府からの援助を望む人たちは、既に成功を収めたマレー人たちか
ら、エリート意識やその他諸々の理由によって、屈辱を受けている。彼
らの目には、マレー人は助ける必要がないように映っている。「マレーが
マレーを助ける」という概念は、彼らの辞書には載っていないのである。

　更に驚いたことには、これらの既に発展したマレー人の中には、「マ
レー」と呼ばれることを恥じている人たちがいるのである。これはおそ
らく、彼らの生活文化が、マレー人の文化やアイデンティティと遠くか
け離れてしまったからなのだろう。

　マレー人は、同じマレー人の成功を誇りに思うべきである。しかし、
成功した者たちが、民族を愛する心やマレーとしてのアイデンティティ
をないがしろにしていることを何とも思っていないならば、マレー人が
彼らの成功を誇りに思えるはずがない。

　民族のアイデンティティは、マレー人自身の中にしっかりと根付いて
いなければならない。確固としたアイデンティティを持ってはじめて、
マレー人は他民族に引けを取らなくなるであろう。他民族からの提言を
丸々受け入れることもなくなる。独自のやり方で発展することを恐れな
くもなるのだ。

身体的な侵略は、言うまでもなく、既になくなっている。しかし、今日、侵略は新しい形で起きている。国境なき世界という概念、自由貿易、経済ブロックというのが、今現在のやり方なのである。これに精神的侵略がつけ加えられる。

これら全ては、マハティールがいつも注意を喚起していたように、マレー人が強いアイデンティティを持ち続けることを要求している。実際に、マレー人は、SABERKAS（「民族愛のためなら何を犠牲にしてもかまわない」というマレー語文の頭文字を取った略称）のマレー人になる決意を示す必要がある。

自民族の強さを信じることなく、自民族のアイデンティティを失ってしまった民族は、真に独立して発展した民族として自立することなどできないのである。

2 価値体系

はじめに

　気質と運命は、その人自身に委ねられている。これは、学者ザバがかつて語った言葉である。同様の解釈は、マハティールにも受け継がれている。

　マハティールは、いかなることにおいても、成功に近道はないことを強調している。勤勉、規律、そして、強い精神力なくして、成功はあり得ないのだ。

　彼の見方では、多くのマレーシア国民、とりわけマレー人は重大な弱点を持っている。それは、楽な道を選びたがることである。彼らは、楽なことばかりを好き好み、先に苦労をしようとはしない。彼らは与えら

れたチャンスを一時的な富を得るために、他人に譲渡してしまう。そして、政府からの援助をこの先も受け続けられることに期待し、そこそこやったところで満足してしまう。

　マハティールはかつて、マレーシア国民に先進的かつ前進的な価値体系を適用しようと、東方政策を打ち出した。簡単にあきらめない心、高潔な労働倫理、失敗を恥じる気持ち、最善を尽くす努力、こういった価値感を持つことが、マレーシアを先進国へ導くと彼は確信した。

　なぜなら、ある国の運命というのは、天然資源が豊富にあることだけで決まるものではないからだ。社会における価値体系、これこそが国の運命を決定付けるのである。

　マハティールは、ただ口先だけで価値体系の変化の重要性を説いているのではない。彼自身が身をもって、勤勉や規律の大切さを示している。彼によると、勤勉により亡くなる人は一人もいない。彼は、引退後も引き続き、この文化を採り入れている。

マレー人の弱点について

　マレー人の弱点については、学者ザバが既に指摘している。それは、信仰の髄の部分に関する社会の誤解によるものである。例えば、「タクディル」という語の解釈についてである。

　マレー人は概して「タクディル」を、変えることのできない「運命」のように解釈している。それは努力によってより良いものにすることができるにもかかわらずである。その解釈により、マレー人は活動力を失い、何にでもすぐに降伏しようとする。マレーのことわざに、「一合の米は決して一升にはならない」というものがある。よって、ザバの見方は、当時の地域社会には受け入れられなかった。しかし、預言者ムハンマド自身が、メッカで見舞われた悲運を変えるために、マディーナへと

移住したことを、我々はちゃんと知っているのである。
（「21世紀のマレー・アイデンティティ」シンポジウム開会式、
及びザバ議長席の創設、2000年）

　マレー人は、「かわいそう」という気持ちを非常に強く持っている。
そして、彼らは、身体障害者がその障害を克服することを望まない。身
体障害者が社会に通用するほんの少しの力を身につけるだけで自活でき
ることを、彼らがきちんと考えていないのは明らかである。身体障害者
を憐れみ、彼らがほかの人に依存し続けることを望んでいるのである。

　我々は皆、寛容であらねばならない。しかし、我々は、その優しさ
を、身体障害者が施しや同情にできるだけ依存しないで生活するのを手
助けすることに使わなければならない。だが、これは、マレー人の態度
とは異なる。マレー人は特にその本人の前で、かわいそうという感情を
丸出しにするのが好きである。

　それは障害者のやる気をそぎ、克服のための前向きな態度の形成に水
を差すことになるのである。
（新たなマレー・ジレンマ、2002年8月23日）

マレー人よ、勤勉であれ

　それはもう、我々の文化の一つとなってしまっているように思う。建
設現場を見たならば、我々は自分自身に問わなければならない。プロ
ジェクト現場で働いているマレー人が一人もいないのはどうしてなのか
と。そこで懸命に働いているジャワ人やスマトラ人と、マレー人は一体
何が異なるのかと。彼らは夜まで働いている。我々マレー人の肌の色が
このような茶色だからといって、働けない理由になるわけがない。

　これは、我々の悪しき文化である。我々は苦労を知らず、いつも楽し
たがっている。少し上に登っただけで、すぐへこたれる。ちょっと長時

間仕事をしただけで、夜寝られないほどへとへとに疲れ果てる。私はよく建設現場を見に行くけれども、そこではインドネシア人、中国人、インド人が働いていて、マレー人はいない。そこだけを見たら、マレーシアにいるとは思えない。マレーシアなのに、マレー人がいない。外国にいるのかと思ってしまう。

（ミングアン・マレーシアのインタビュー、2001年）

　植民地時代のマレー人は、威厳がなく、活力を失っていた。彼らは、自分たちが二流の人間だと思い込んでいた。そして、自分たちよりも優れていると思うほかの人たちに全てを委ねていた。国の行政、貿易、事業、そして、普通の仕事までも外国人に任せていた。

　これが、いつも仕事や取引を他人に任せてきた結果なのだ。ちょっとでも大変な仕事になると、ちょっとでも難しくなると、ちょっとでも米作りや魚とりといったいつもの仕事と異なると、すぐに嫌がる態度をとってきた結果なのだ。マレー人は、ゴム園や鉱山で働くことや商売について学ぶことをものすごく嫌がる。そして、道端に小さな屋台を開いたり、市場にござを広げて、売りたい商品の真ん中に座ったりしているだけだ。

　マレー人の商売は規模の小さいもので、マレーの商売人は通常、より大きくて設備の整った場所に店を移そうとはしない。マレー人の稼ぎはいつもぎりぎりで、それ以上になったことはない。朝のもうけは朝ごはんに、昼のもうけは昼ごはんになるだけ。マレーの商売人に明日はない。

（『マレーは忘れやすい』、2001年）

　第一に、一生懸命に働くのを嫌がり、まじめに勉強するのを嫌がる。何かを必死でやろうとすることがない。

　第二に、何か一つの問題が起こると、その前の問題のことを忘れてしまう。目の前のことばかりに気をとられていては、実りのない口論になるだけだ。これでは、忘れやすいマレーへの後退だ。

　第三に、何かが手に入った場合、我々はそのことに十分な感謝をしていない。例えば、我々は多くの補助金をもらった場合、それをうまく使えばたくさんのもうけを得ることができるはずなのに、うまく使おうとはしない。

（ミングアン・マレーシアのインタビュー、2001年）

　マレー人はまだ勤勉とは言えない。例えば、まじめに勉強しない。大学に行っているのは、70％が女性である。男は、一体何をしているのだ？だらしのないただの遊び人になってしまう。それを、私は、勤勉でないと言っているのだ。

（ミングアン・マレーシアのインタビュー、2014年9月）

東方政策の導入

　1983年に、私は、イオン（当時はジャスコ）の岡田卓也社長に対し、マレーシアの小売業界近代化のために協力を要請した。ちょうど同じ時期に、東方政策が始まった。今日、25年前からマレーシアに根付いているイオン株式会社が良い見本となっている。イオンは事業を成功させ、1万人以上のマレーシア人に社員教育を施し、給料を支払っている。イオンもまた、日本人の労働文化やテクノロジーを現地に上手く適用しているのである。

（イオン25周年記念夕食会、2009年）

　首相になってまだ1年もたたないうちに、私は自分に与えられた権限を利用して、東方政策を打ち出した。私のもとには、行政関係者や一般市民から、この政策にはどんな効果があるのかという質問が多く寄せられた。なぜものまね猿をまねるのだ、なぜ近代産業文明に向かっていかないのだ、と多くの人が言っていた。しかし、新政策は十分に理解され、その結果、東方政策は採用され、実施されるに至った。

（東方政策、チェデット、2012年）

日本と韓国が成功しているのは、彼らが従事するあらゆる分野に適用されている労働倫理のおかげであると、私は考えている。よって、我々は、強い愛国心を持つと同時に、崇高な価値を手本とし、競争力を高めることが大切なのだ。

（東方政策30周年記念夕食会、2012年）

ブミプトラ向上政策はまだ道半ば

DEB（新経済政策）が導入されて33年が過ぎたが、ブミプトラ（土着民）による成果は、ほんの19％に過ぎない。失敗の原因を、特に政府の失敗を責め立てる人が必ずいるであろう。しかし、ブミプトラの成果率が低いのは、ブミプトラがせっかく手にした権利をブミプトラ以外の人に売ってしまったからである。もうけが早く欲しかったのだ。株式の転売のみならず、契約、チャンス、そのほか手にしたものは何でも売り飛ばしてしまう。それでは、DEBの実現が失敗するのは当たり前である。全体で19％に達していることですら、本当は、ブミプトラ系組織がブミプトラのための割り当て分を売却していないからにすぎないのである。

なぜ、こんなことが起こるのか。なぜ、DEBの目標が完全に達成されないのか。なぜ、受け取った権利を売り飛ばしてしまうのか。そのわけは、我慢できないから、楽なことばかり求めるから、貪欲だからである。

（第46回独立記念日における首相メッセージ、2003年）

楽して成功したがる気質について

1960年代後半に『マレー・ジレンマ』の本を書いているとき、マレー人はみんな、発展したり成功したりする機会が与えられていないのではないかと私は考えた。彼らは、発展や成功のための機会が少ないのだ、自分自身を教育するための機会が少ないのだ、必要とされる分野における訓練を受ける機会が少ないのだ、それ相応の資金と免許と建物を

得る機会が少ないのだと。仮にこれらの機会が彼らに与えられたならば、彼らはきっと成功するように思われた。

　よって、私は、彼らに有利な「積極的格差是正措置」（弱者の不利な現状を是正するための改善措置）を導入し、問題の解決を図ろうとした。当時のマレー人は、それによるチャンスが全て自分たちのものになるのだと期待した。はじめのうちは、皆、我先にとチャンスをつかもうとした。しかし、今日、その態度はもう変わってしまった。何らかの理由でそれらの機会を手にした者たちは、それらの機会を作り出してくれた人たちを嫌がっているかのように見える。更に悪いことには、彼らは受け取った機会を有難く思っていないようだ。

　なぜ、うまくいかないのか。その答えは、マレー人の文化にある。彼らは怠け者で、楽な道を選びたがる。一番手っ取り早い方法は、持っているものは何でも売ってしまって、もっとくれと言うことだ。これが彼らの文化である。一生懸命に働くこと、リスクを取ること、我慢すること、これらは彼らの文化の片隅にもない。

（新たなマレー・ジレンマ、2002年8月23日）

　アズハル・マンソルが単独での船による世界一周に成功し、祖国に戻ってきたとき、どうやってそのような大挑戦を成功させたのかと、多くの人が彼に質問したがっていた。そのとき、私は、非常にがっかりした。若者を含む、多くのマレー人が、「どんな『知識』を使ったのか」と、アズハルに聞いていたのである。

　みんなが知りたがっていた「知識」のここでの意味は、隠れた力を呼び覚ます知識、成功を保証してくれるという、ある種の祈祷がもたらす知識のことである。彼らがこの知識について知りたいと思ったのは、自分たちも何かに軽い気持ちで挑戦し、成功したいと思ったからである。彼らの態度は、刺されても撃たれても平気な力を与えてくれとお願いしている人たちと、何ら変わりはない。こういうことに、彼らは興味津々なのだ。魔法の知識などない。成功を約束してくれる特別な知識などないのだ。

　もし、我々が、一生懸命に自己鍛錬し、規律正しく過ごし、欲張りにならず、忍耐強くいるならば、どの分野においても必ず成功できるのだ。どんな仕事においても、楽などないのである。

（第46回独立記念日における首相メッセージ、2003年）

　昔のマレー人にあって、今のマレー人にも依然としてあるものは、楽な方を好むということである。この嗜好性のせいで、国は借金地獄だ。中華系商人が高い税金を定期的に支払うことを約束すると、マレーの国王たちは中華系商人たちにアヘンの独占販売権を与えた。その後、イギリス人がやって来たとき、国王は、彼らの指示に従うことを約束した。マレー地域の行政はより整い、「政治年金」が定められ、マレーの国王たちは贅沢な生活調度品を満喫した。この約束により、全権は支配者側に委ねられ、彼らの要求に従って行政が執行されることになった。生活は間違いなくずっと楽になったが、国はのっとられてしまった。

　このときの態度が今も続いている。新経済政策のために政府から受け取った事業設備を売り払ってしまう方が、それらの設備を自分で使って、そこから利益を上げていくよりも、ずっと楽なのである。

（「マレー系ムスリム開眼のプロセスと問題点」
セミナー開会式、2002年）

地域社会における価値体系の重要性

　国が発展できるかどうかは、国民にかかっている。国民が勤勉で、規律正しく、欲望を抑え、課題や困難に立ち向かう準備ができているならば、必ずやその国は成功し、発展していく。肌の色の問題、遺伝、あるいは、天然資源があるかどうかなどは重要ではない。当然それらは、成功の要因ではない。成功を決定付けるのは、受け入れて実践している文化、あるいは、人生観なのである。

（第46回独立記念日における首相メッセージ、2003年）

　個人、社会、そして、国の成功や失敗は、価値体系に裏付けられると、私は信じている。もし、ある社会の価値体系が、勤勉、誠実、規律を大切にしているのならば、それをもって、その社会は成功するであろう。この三つが、我々を成功へと導くのだ。

　だから、私は分かってもらおうと説明しているのだ。我々は変わらなければいけないのだ。このことは、自分たちがマレーの特質を失うことを意味しない。ただ、勤勉に、誠実な態度で、規律正しく過ごすだけである。

　　　　　　（第15回講義「積極的格差是正措置の未来」、2012年）

　私が求めている新しいマレーは、一生懸命に働こうとする人である。楽して金もうけをしようとしたり、棚ぼたを期待したりするような人ではない。黄色い傘を1本、ロールスロイスの車を1台もらい、年金で城を手に入れる。まだ何が欲しいんだ？仕事なんかしなくてもいい！こんなのは、我々が求めている新しいマレーではない。我々の目的は、マレー人の発展を阻害している、これまでの価値体系を改めることである。

　　　　　　（マレーシア政治が現在抱える問題、2006年12月）

　文化を変えることは、政府の政策を変えることよりもはるかにずっと難しいことである。「積極的格差是正措置」を提案することは幾分簡単ではあるが、それを実現することは決して容易ではない。望むような結果を得たいと思うならば、チャンスを与えられた人は、正しい態度を身につけていなければならないのである。

　私はもう分かったのだ。チャンスを作り出すだけでは十分ではない。態度を改めるように促すことが肝心なのだ。

　　　　　　（新たなマレー・ジレンマ、2002年8月23日）

　ある民族が発展するかどうかは、遺伝や肌の色で決まるのではない。だから、非常に後進したヨーロッパの民族もいるし、最先端を行っているアジアの民族もいる。ある民族が発展するかどうかは、その民族の文

化にかかっている。文化というものは、固定されたものではなく、変えることができるのだ。文化は常に変化していて、自分の思うように模様をつけることができるのだ。

(第8次マレーシア計画半期見直しに関する提案発表、2003年)

マレー民族になくてはならない文化

我々に信頼があるならば、お金を借りたいとき、人はお金を貸してくれる。なぜなら、その人は、我々がちゃんとお金を返すことを分かっているからである。マレー人で、借りたお金を返さない人は、一体どのくらいいるだろうか。奨学金をもらっても、返さない。お金がないわけではないのに、それでも返そうとしない。我々には信頼性が必要である。信頼のある人は、借りたお金をちゃんと返す。人のお金は、正しく管理する。決して盗んだりしない。そうすれば、マレー人は十分に成功できるようになるのだ。

(ミングアン・マレーシアのインタビュー、2014年9月)

国に競争力があるかどうかを判断するための最善の方法は、その国の価値体系を見ることである。石油やガスといった天然資源を見るのではない。より競争力をつけるためには、我々は自分たちの価値体系を改める必要がある。我々はより率先した行動をとる必要がある。それなのに、我々の休日は多過ぎる。以前は土曜日も仕事をしていたが、今はもうしていない。私は自分たちが怠け者だと言うことにためらいを感じるが、それでもやはり我々は怠け者なのである。

我々は、人が間違ったことをするのを防ぐために、法律を持つ必要がある。泥棒をしないように国民を監視するのは、非常にお金がかかることだ。もし、みんなが正直者であれば、そのような負担は軽減できるのだ。
(第2回CHREST国際学会：国際競争力のための人的資本の変革、2015年)

先進国の文化に対するコメント

　私が東方政策を実施したのは、日本人がまじめに働くことに着目したからである。8時に仕事が始まるとしたら、日本人は7時半には職場に来ている。日本の労働倫理をプロトンに導入したとき、労働者は早く来て、その日の目標は何かについて皆で話し合い、就業時間が始まると、さっと仕事についた。

　私はてんぷらを食べているとき、日本人の店員はただ静かに座っていることはないのに気付いた。こっちを洗ったり、あっちを磨いたりしている。ぼーっと座ったままでいることなど、全くない。では、マレー人はどうか。特に仕事がないからと、たばこを吸い始める。仕事をしている人には、いくらでも仕事がある。歩くときでさえ、日本人は速く歩く。のろのろと歩いたりはしない。

（ミングアン・マレーシアのインタビュー、2014年）

　日本人は、仕事を任せられると、最善を尽くそうとする。なぜならば、出来が悪いと、恥ずかしく感じるからである。この恥の心は、非常に強く、戦争に負けた際には自決を図ったほどである。実際に、（第二次世界大戦時には）天皇を守り切れなかったからといって、数十万の兵士が自決したのだ。

　恥の心は、我々の社会においてもなければならない。もしも、100％うまくいかなかったときは、恥ずかしいと思えるようでなければだめなのである。

（文化講義、2011年）

　日本に送り出した学生たちは、多少は、日本人の労働倫理を身につけているようである。彼らの働く姿勢は、日本人のやり方に近い。熱心に仕事に取り組み、質にこだわり、目標が達成されなかった場合は、恥ずかしいと感じる。実を言うと、元日本留学生たちは、マレーシアに戻っ

てからも問題を起こさない。逆に、ヨーロッパに送った留学生たちは、戻ってくるとある意味悪くなっている。アメリカへ行った者は更にひどい。彼らは向こうの生活方式、人生観を取り入れ、あれをこうしろ、これをこうしろと、様々な要求をする。しかし、日本から帰ってきた者は、とにかく一生懸命に働こうとする。

（マハティールとの面談、2013年2月13日）

マレー人気質に対する考察

今、私はパン屋を経営している。はっきりと言ってしまうならば、私は、一部のマレー人、中国人、ミャンマー人従業員などに対して非常に幻滅している。マレー人従業員は時々、お金を見ると、正直でなければならないことを忘れてしまう。お金を見ると、こっそりとってしまえるなら、とってしまおうとする。そのために、私は今まで多くのマレー人を解雇してきた。

ある一人を責任者にしたのだが、その人はこういうふうに（ごまか）したら、お金をこっそりとれると、ほかの従業員と一緒になってやっていた。内部告発があって、私はその人を解雇した。ほかの責任者にも、売上金を銀行に入れないで、自分のポケットに入れてしまった者がいた。ほかにも、商品を売り、お金を受け取っているのに、その売り上げはなかったことにして、お金を盗んだ者もいる。こういうことが起こるのだ。全く信用ならない。

（ミングアン・マレーシアのインタビュー、2014年）

私はかつて書いたことがある。マレー人はその文化から言って、お金を払うことに慣れている。例えば、物を買うときである。しかし、私は気付いた。華人は、小さいときからカウンターの後ろに座って、マレー人からお金を受け取ることに慣れている。だから、華人は大きくなったとき、お金持ちになるには、お金を出すのではなく、お金を受け取る必要があることをよく知っている。マレー人はこのことをちゃんと理解しなければならない。

（著作者インタビュー、2016年）

マレーの価値体系と政治

　もし、我々が、もう自民族を売ってしまいたいと思ったならば、わずかなお金を得るために、大小の役職を得るために、自分の腹を満たすために、売るだろう。行きつく先は、どこなのか？小利を貪って大利を失うのである。

　ほんの少しのお金を受け取ることは、間違っているのだろうか？我々は、贈賄するような人を決して支持しないであろう。自分では気付いていないかもしれない。しかし、神は知っている。おまえは、いけないことをやったんだと。おまえは、民族を売り渡しただけではない。おまえは、宗教を否定したんだ。宗教が、良くないといって、禁じていることをやったんだ。罪なことだ。

（プリブミ・ペルカサ・ネガラ総会、2009年）

若者へのメッセージ

　我々は、明るい人生観を持たなければならない。よく働き、正直でいなければならない。間違いを起こしたときには恥ずかしいと思わなければならない。こういった価値観を全て持っているならば、我々は必ず人生を成功させられるのである。

（著作者インタビュー、2016年）

マット・ロディ

自分たちは、何でも急ぎたがる？

マット・ロディ記（2016年5月22日）

　人の態度を変えることは、確かに、政府を変えるよりもずっと難しいことである。マハティールは、マレーシア住民の、中でも特にマレー人の気質を変えるという非常に困難な問題に直面していた。

　マレー人は、手っ取り早く成功したがる気質、あるいは、楽な道を探そうとする気質を持っていると言われている。

　頭がよくなりたいけれど、一生懸命に勉強するのは嫌だ。呪文を唱えた水を飲めば、それで十分だ。

　お金持ちになりたいけれど、一生懸命に働くのは嫌だ。素早くもうける方法を教えてくれるセミナーに参加すれば、それで十分だ。

　天国に行きたいけれど、ひたすら神に仕えるのは嫌だ。ある政党に投票すれば、それで十分だ。

　これがマレー人の態度なのか？

　そのくせ、彼らはいつも、自分はムスリムだと言い放っている。そして、自分たちをマレーという名と結びつけることを嫌がる。イスラムであれば、それで十分だ。

　皮肉なことに、彼らはイスラムの教えが求めている価値体系を実践することを拒む。時間を守る、まじめに働く、信頼を損ねない、失敗を恥ずかしく思うといった労働文化に見られる価値観を、彼らは実践に採り入れていない。これらの価値体系は、彼らが信仰する宗教においても大切な真髄を示しているのではないのか。

　もし、マレー人が本当に宗教の教えに近づき、深く理解したいと思うのであれば、彼らは今の価値体系を変えなければならない。近道を探す、与えられたチャンスを売り飛ばす、そして、怠け者の態度をとっている限り、彼らは決して敬虔な信者になることはできないのである。

　この観点から見ると、マハティールが適用しようとしている価値体系は、実はイスラムの教えと一致しているということに、あまり多くの人は気付いていないようだ。

　マレーシア国民、そして、マレー人は先進的で素晴らしい価値体系を持つことが大切であると、マハティールはこれまで一貫して言い続けてきた。彼はまた、ただ言うだけではなく、自分の言ったことを、きちんと実践してきた。

　マハティールが首相になったときの働きぶりを見ればよい。そうすれば、彼を批判している人も、このことに同意できるであろう。

　社会の体質や習慣を変えるのは、リーダーの責任である。それは、困難な仕事である。しかし、社会の価値体系を変えることは、国のためになるのに加えて、宗教の教えに沿うことにもなるのだ。

　驚くことに、(ある政党によるハッド刑の導入に対して、はっきりと反対の声を上げているために、)イスラムに背いているといつも責められている彼が、実は、イスラムの価値を最も積極的に見出だそうとしているのである。いつも彼を批判の的にしている、ある「イスラム」の政党は、それらの価値をほとんど口にはしない。

3　宗教

はじめに

　マハティールは、政治家である。しかし、このことは、彼が宗教のことについて自分の見解を述べるのを妨げはしない。

　教育問題において、彼はいつもマレーシアのイスラム教徒に対して、宗教の知識と「世の中」の知識双方の重要性を区別しないようにと注意を促してきた。この二つの知識における重要性は、同等に強調されてきた。

　マハティールによると、イスラムは本来発展に結びつく宗教であり、イスラムの国で起こっている後退は、ムスリム自身が、自分たちを向上

させることに失敗しているからなのだそうだ。イスラム教は現世における成功を重視していないという主張は、既にあきらめた人の悲嘆であり、間接的にイスラム教を非難していることになる。それゆえに、マハティールは、マレーシアのイスラム教徒が発展することを非常に大切にしている。イスラムの本来のイメージは、近代化や発展と同一なのである。

イスラム教徒の間に見られる、後退、脆弱、貧困といったイメージは、無責任な人たちがイスラム教を悪用するのに役立つだけであると、マハティールは述べている。

ハッド刑に関する論争でマハティールが独自の見解を示したことは、一部の人にとっては快くなかったようである。彼は、イスラムは公正をより重んじていると信じており、ハッド刑がムスリムと非ムスリムの間で別々に適用された場合、公正性を中心に据えるのは難しいと考えている。マレーシアは60％のムスリムを抱えているに過ぎず、ムスリムが90％以上を占める国であっても、全ての国がその刑法を適用しているわけではないのだ。

イスラム教に関連して、マハティールがいつも重要視していることは、一致団結し、分裂を避けることである。イスラム教徒の分裂は、自分たちをただ弱めているに過ぎず、もっとひどい場合は、同胞を殺したり、戦争をしたりすることにつながるからである。また、イスラムの本来の概念はもともと中道なのだから、イスラムをあえて中道であると主張する必要はないと、マハティールは考えている。

批評家たちはいつも、マハティールは宗教について勉強していないと言って、彼の見解の信憑性を問題視しようとしている。しかし、宗教のことを語る資格がないと言われたこの人こそが、マレーシアを近代的で発展したイスラム教国へと導いたのである。マレーシアは世界中で、とりわけイスラムの国々から見上げられるようになったのである。

ムスリムがあらゆる分野における知識を習得することの重要性について

マレーの子がムスリムとして学ばなければならないことは宗教に関することだけであると思い込んでいる人たちがいる。宗教以外の知識は世俗的で、重要ではないと思っている。夜の礼拝や早朝の説法、その他の宗教活動に参加しないと、その人はイスラムを欠いていると見なされ、蔑みの対象となる。

通常、現世と来世に関する議論は、一つの結論があるわけではなく、長引くものである。結果として、信徒は混乱し、宗教に特化したこと以外の知識を身につけることの重要性をあやふやにしてしまう。

保護者においても同じである。イスラム圏を再び侵略しようとする勢力に対抗するためには、マレー人男性が特に科学技術の知識を身につけることが極めて重要であるにもかかわらず、現状は低いレベルにとどまってしまっている。

（『マレーは忘れやすい』、2001 年）

元来、イスラム教徒は、数学、航海術、天文学といった科学分野で非常に先駆的であった。みんな何でも知っていた。しかし、15 世紀に入ってから、イスラム教に関すること以外を学んでも、褒章が得られない、来世に何のメリットもないという妄想にとらわれるようになってしまった。

これによって、科学的なことは、宗教から切り離されてしまった。そして、宗教を学ぶこと、宗教について述べることばかりに注意が向けられるようになってしまった。

だから、我々は、預言者ムハンマドに最初に届けられた言葉が「誦め（イクラア）」であることを決して忘れてはならない。

　当時のイスラム教徒は、ギリシア人、ローマ人、中国人、インド人などが何を書いているのかをしっかりと読んでいた。だから、彼らは教養のある民族となり、暗黒時代をさまよう当時のヨーロッパよりも先駆的で、洗練されたイスラム文明を築くことができたのである。

　我々が科学の知識を持っていないならば、ちょうど今現在のように、世界から取り残されてしまう。だから、我々は、科学を学んでも褒章が得られないなどと言ってはいられないのだ。我々は、科学を学ぶことによって、イスラムの教えを実践できるようになり、その実践が、イスラム教とイスラム教徒をこの世にとどまらせることにつながるのだ。

　今現在、人々はイスラムを馬鹿にしている。しかし、我々は弱者であるために、何もすることができない。なぜ、我々は弱者なのか？それは、我々が知識に欠けているからである。なぜ、我々は知識に欠けているのか？それは、宗教に関することだけを学んでいるからである。その教えを、我々は実行していないのである。

（シナル・ハリアンのインタビュー、2014年）

現世と来世で成功することの概念理解

　マレー人がイスラム教を受け入れたのは、イスラム商人がものすごく成功していたからである。商人として富を得ていたからこそ、彼らはマレーの国王たちと関係を築くことができたのである。ついには、彼らはマレーの国王をイスラム教に改宗させることに成功し、マレーの国民たちもそれに続いた。ここで注意しなければならないことは、もしも、当時のアラブ人やインド系ムスリムたちが貧弱で、ほかの人たちにこき使われるような存在だったとしたら、マレーのエリート層に近づくことなどできなかったということである。「貧しくても、来世では天国に行ける」と言って、貧しい彼らが近づいたとは到底考えられない。当時のイスラム教徒の大成功こそが、マレー人の関心を引き、彼らに影響を与えたのである。

　我々がだれかの目を覚まさせ、我々の信仰、我々の宗教を広めようと思うのであれば、これらのことをきちんと理解しておく必要がある。現世で成功したり、富を得たりすることは、来世で成功するのに何の意味もないなどという主張は、負け犬の遠吠えである。このようなことを言う人に、イスラム教を広め、イスラム国家を築くことなどできるはずはないのである。

（「マレー系ムスリム開眼のプロセスと問題点」
セミナー開会式、2002年）

イスラムは外見だけではない理由

　7世紀の服装をして、近代的な科学の知識や技術を否定したからといって、より敬虔なイスラム教徒になれるわけではないのだ。

（「互いの文化を豊かにしよう」、ニュー・ストレーツ・タイムズ、
1995年3月16日）

　十字軍が多くのアラブ系ナスラーニ人を殺害したのは、彼らもまた、顎髭を生やし、ローブ風の服を着ていたからである。ここで明確なのは、服装は、イスラム教の信仰を決定付けないということである。大切なのは、信仰心である。しかし、多くのマレー人ムスリムは、ほかの地域の同じイスラム教徒に負けず劣らずと、彼らがイスラムらしいと思っている外見に自分たちもなろうと躍起になっている。

（「マレー系ムスリム開眼のプロセスと問題点」
セミナー開会式、2002年）

　トルコが東ヨーロッパの広域を制覇し、世界で強大な力を持っていたとき、トルコ軍の近代化が阻止された。それは、宗教家たちが、兵士の長ズボンに関してけちをつけたからである。宗教の専門家たちは、トルコ王国への危機が迫っているというのに、このようなくだらないことの議論に長い歳月を費やしていた。

　結果として、トルコ軍の関係者たちは、宗教家の態度にとことんあきれ果て、宗教を行政から引き離すことにした。これにより、「非宗教」と言える行政スタイルが形成されることになった。多くのイスラム教徒は、「青年トルコ人」と称されるトルコ軍人に対し、「非宗教」の政治を行っていると言って、批判した。しかし、彼らは、批判する前に、トルコ王国の力が非常に落ちていたことを認識していなければならなかった。西側の勢力が拡大し、トルコを分断させ、自分たちの領域に収めようと企てていたのである。トルコを救うのに役立ったのは、「青年トルコ人」の勇気と行動だけである。そのおかげで、トルコは、イスラム教国としての地位を保ったまま、ヨーロッパ大陸の一部にとどまることができたのである。

　トルコの歴史は、イスラムと産業にどう関連しているのか。分かっていることは、ムスリムはたいして重要でもないことの議論に時間を費やし過ぎて、より大きな問題や責任を忘れてしまっているということである。我々は、どうでもいいことを気にし過ぎである。産業社会においてイスラム教徒の可能性をいかに高めるかという核心をついていないのである。

（「イスラムと産業」学会開会式、1993年）

「アッラー」の言葉使用問題に対する回答

　我々は、本を読んで、自らの知識を高めようとしていない。だから、知識などあるはずがない。我々は、ただ感情があって、怒っているだけである。それではいけない。訳がきちんと説明されてはじめて議論になるのである。

　「アッラー」という言葉が、（単に「神」を意味するものとして）どの宗教にも用いることができるという考えがあるが、それは間違っている。「アッラー」という言葉は、イスラム教からできた言葉だ。アッラーという言葉を、マレー語版の聖書に用いることに、多くの者が反対

している。しかし、多くの者は、聖書に「アッラー」という言葉が用いられることの根本問題を理解していない。これらに関する議論は、正確な事実を根拠になされなければならず、適当な空論を交わしていても意味がないのだ。

（シナル・ハリアンでのトーク、2013年1月）

コーランの内容を理解することの重要性

　我々の多くは、コーランを真に理解することができていない。なぜなら、それらはアラビア語で書かれていて、我々はそれを教えてくれる人の理解に頼っているだけだからだ。コーランを教える人の中には、何か別の意図を持っている人さえいる。私が思うに、我々はコーランの原点に立ち返り、そこに書かれていることを自分たちが分かる言語でしっかりと理解する必要がある。それにより、我々は人生の指針を得ることができるのだ。

（「コーランを読もう」キャンペーン開会式、2016年）

イスラム中道の概念に関する捉え方

　イスラム教徒は、自分たちが中道のムスリムであると言って、自分たちの身を守ろうとする必要はない。なぜなら、このように言うと、彼らがまるでイスラムの教えの一部のみに従っていて、ほかの部分は過激であるかのような誤ったイメージを与えかねないからである。

　イスラムは、最初から中道である。自分たちがほかのムスリムよりもリベラルに近いなどとあえて示す必要はない。我々は、イスラム中道派などではない。我々はイスラムの教えに従っているのであって、イスラムの教えというのは、はなっから中道なのだ。

（第45回マレーシアイスラム福祉団体年次総会、2007年）

マレーシアはイスラム教国ではないという批判に対する回答

　マレーシアはイスラム教国であると言う場合、我々は確かにそれなりのことをする権利を持ってはいる。しかし、ハッド刑を実施しないからといって、マレーシアはイスラム教国ではないと見なすのであれば、この世界にはイスラム教国が一つもないことになってしまう。というのは、イスラム教国と呼ばれる国の全てが、ハッド刑を適用しているわけではないからである。

（第30回マレーシア民政運動党代表者会議開会式、2001年）

新憲法起草委員会がマレーシアをイスラム教国としなかった理由について

　彼らは、世俗主義の国家についてしか知らないのだ。だから、彼らは、全ての宗教を支障なく受け入れている国を、世俗国家と見なしているのだ。彼らにとって、多民族、多宗教の国家は、世俗国家なのである。しかし、スペインのアンダルシア州は、イスラムの歴史上、そこにはキリスト教徒やユダヤ教徒もいたけれども、イスラム地域として認識されていた。

（「イスラム国家としてのマレーシア理解」セミナー、2002年）

イスラム法を全てのマレーシア国民に適用することの適切さに関する回答

　イスラムにおいて、最も重要な原則は公正である。コーランには公正に関する43の記述があり、もし、刑罰を与えるならば、それは公正でなければならないとしている。もし、公正でないならば、我々は刑罰を実施することができない。イスラムは、公正で、思いやりのある宗教である。何でも刑に処することをイスラムが求めているとは、私は思わない。

（「現代ビジネス環境における上昇コストの管理」円卓会議、2014年）

　この国は多民族国家であり、いろいろな宗教が存在する。イスラム
は、全ての人を公正に扱っており、それは、イスラム教徒に限定される
ものではない。

　このことはよく考慮されなければならない。よって、私が思うに、非
ムスリムと共生する場合、イスラムの教えが信徒に求めているのは一体
何なのかをよく検討しなければならない。

　法律が公正に施行されていないとしたら、それはイスラムの名では
ない。よって、我々は、こういった全てをよく考えなければならない。
我々は、ある刑法を、ムスリムのみに適用して、非ムスリムには適用し
ないなどということはできないのである。

（アジア都市サミット、2014年）

イスラム国のテロ問題について

　ジハード（聖戦）を呼びかける声明は、非常に強烈な喚起力を持って
いる。多くのムスリムの、イスラムに対する理解が浅い場合、この叫び
はすんなりと受け入れられてしまう。彼らは、戦死した場合は殉教者に
なれると、簡単に信じているのである。

　実際は、ムスリムがムスリムと戦争をし、殺し合うことは、イスラム
の教えに反することである。相手はムスリム同胞なのだ。もし、ムスリ
ムが同じムスリムと敵対するならば、第三者は彼らを仲裁するようにと
いうアッラーの教えがコーランに書かれているのではないのか。

（カリフに立ち戻る、チェデット・ブログ、2014年）

　この国の一部のムスリムは十分なムスリムではない、更には不信心者
であると非難する者が、マレーシアには既にいる。このグループから多
くの者がおそらくシリアとイラクへ行き、ほかのイスラム教徒を殺戮し
ながら、「イスラム国」設立のために戦ったのだ。

アシャアリやアヤ・ピン、トゥハン・ハルン（カルトリーダーたち）が簡単に支持を得ることができるならば、イスラム国家立ち上げのための呼びかけをする者は、もっと簡単に支持を得られるであろう。しかし、マレーシア政府は、まだよく分かっていないように見受けられる。重要な措置は何もとっていないからだ。ISA（国内治安法）はもうないのである。覚えておいてほしい！テロ行為がサバ州にも及ぶことを予見する者はだれもいない。だが、侵略はもう既に起こっているのだ！

(イスラム国、チェデット・ブログ、2014年)

マレーシア政治における「タハルフ・シヤシ（政治的協力関係)」概念への反論

イスラム教国間における戦争で、強い軍隊を擁しているスペインのキリスト教徒に加勢をお願いしたものがある。

スペインと適合した者たちは、敵であるイスラム教徒を打ち負かした。しかし、スペインは、征服された領土の政府を支配下に治めた。スペインの協力を得たイスラム地域は、弱かったために、何もできなかったのである。

敵対関係にあったイスラム領土政府を助けるという方策で、結局は、スペインが全半島を奪い取ることになった。これが、イスラム教徒が自分たちより強い者と一緒になった「タハルフ・シヤシ（政治的協力関係)」の結果である。スペイン半島におけるイスラムの歴史から、我々が学び取れることは何であろうか。

(「タハルフ・シヤシ」、チェデット・ブログ、2014年)

マレーシアにおけるイスラム法

　実際のところ、イスラム教国に関する定義はない。自分たちの国はイスラム教国だと言っている国もいくつかある。自分たちの国の立ち位置について、何も言わない国もある。民主主義についても同様である。自分たちは民主同盟だと言っておきながら、実際は民主的ではないところもある。例えば、北朝鮮である。彼らは、自分たちの国を民主主義人民共和国と称している。

　私は北朝鮮に行くことが多い。だから、私はよく知っている。民主主義とは程遠い。つまり、その国を民主主義と呼んでいるからといって、その国が民主主義になるわけではない。大切なことは、みんなが宗教の基本原則に反しないことである。

　マレーシアは、二つのシステム、あるいは、原則を持っている。そのうちの一つは一般法であり、もう一つはシャリーア法である。シャリーア法と一般法は、同等であると我々は見なしている。なぜならば、イスラムで一番大切なことは、何かを裁く際は、公正でなければならないということだからである。コーランの中にある43の記述は、公正について述べている。イスラム法が適用されたとしても、それが公正でなければ、それは全くイスラムではないのである。

　仮に、一人の華人と、一人のマレー人が一緒になって、何か盗みのような罪を犯したとしよう。現在のイスラム法の規定により、マレー人は手首を切られる一方、華人は2か月の禁固刑で済んだとすると、これが公正であると言う人はいないであろう。

　公正は、同じ刑罰が科されるときのみ、それを保つことができるのである。しかし、この場合は、刑罰が異なっている。だから、公正ではない。公正でないならば、イスラムであるとは言えないのだ。

（マハティール語録　若者よ、元気かい？　出版記念会、2016年）

イスラム教国及びムスリムたちへの呼びかけ

　多くの東の国々は、産業技術と知識を身につけ、高い競争力を持つようになり、経済力と軍事力のある国になった。彼らの強さを持ってすれば、西欧諸国のヘゲモニー（覇権）を遠ざけ、グローバル化による弊害を切り抜けることができるであろう。

　我々もまた、近代経済とその運用についての知識のみならず、近代的な行政とその運用における知識も身につける必要がある。これらの達成には時間がかかるが、韓国などは、非常に速いスピードでそれを成し遂げた。気長に我慢しつつも、どうやって韓国が後進国から巨大産業国に変身したのかを解明する必要がある。

（ポンドック・バンタン72周年記念夕食会、2012年）

　世界中のムスリムが共同体としてまとまることが、パレスチナ問題に立ち向かうにあたって、重要なことである。

　本来であれば、ムスリムとして、我々は、互いに助け合わなければならない。互いに戦ってばかりいては、薬や食料の供給まで途絶えてしまう。これでは、OIC（イスラム協力機構）が悲しむ。Oh, I see... 彼らは、分かっていても、何もできない。意見が一致したことはない。

（アロースターのラブ町訪問、2014年）

　開発が何世紀にもわたってなされる一方、イスラム文明はあまりにも貧弱になった。イスラム国家でヨーロッパ人に征服、あるいは植民地化されていないところは一つもない。後に独立をしたことはしたが、イスラムの国々は共同体を強化することに失敗している。彼らの国は弱く、行政もひどい有様であるために、彼らはいつもごたごたに巻き込まれている。

　ヨーロッパ人は、イスラム世界に対して恣意的に行動している。ヨーロッパ人がユダヤ人との問題を解決するために、イスラム世界に侵攻

し、イスラエルを建国したのも、不思議なことではない。イスラム教徒
は、分裂していたために、バルフォアやシオニスト（ユダヤ民族主義
者）の侵入を阻止するための手立てを何も講じることができなかった。

イスラム教徒は、現在、1億3,000万人いる。我々が擁している石
油埋蔵量は世界で最も多い。我々は実に裕福である。我々は、かつて
ジャーヒリーヤの集団がイスラムに改宗したときのように、もはや無知
ではない。我々は、貿易方法や世界経済の動きを知っている。我々は、
世界180か国中57か国を占めている。我々の投票権は強く、国際組織
の力を弱めることができる。しかしながら、我々は、ムハンマドを彼ら
のリーダーとして迎え入れ、イスラムに入信したジャーヒリーヤの小集
団よりも、まだまだ力が劣っている。それはなぜか？

これは、アッラーがお望みのことなのか、それとも、我々が教えを勘
違いしているからなのか。あるいは、宗教の真の教えに背いているから
なのか、それとも、我々が過ちを犯してしまったからなのか。
（OICビジネスフォーラム、2003年10月15日）

イスラエル商品不買運動について

私が思うに、世界中が正義を重視し、イスラエルとの商業取引をボイ
コットすべきである。親イスラエル派の者たちは、イスラエル製品の不
買運動は間違いであると訴えている。それならば、イスラエルの海軍が
国際水域で援助船をせき止め、トルコの人道関係者を9人殺害したこと
についてはどうなのだ？

これは、明らかに、国際法に反している。イスラエルがそんなことを
しても許されるのであれば、なぜ、我々がイスラエル商品をボイコット
することが不公正であると言えるのか？
（イスラエル製品不買運動、チェデットブログ、2014年）

カール・マルクスに対する回答

　カール・マルクスによると、宗教は、生命のアヘンである。 しかし、宗教は、これまで生き残ってきたし、マルクス自身と彼のイデオロギーが歴史書から追い払われた後も、ずっと生き残り続けるであろう。 明らかに、イデオロギーは人間が発明したものであり、宗教に取って代わることはできないのだ。

　　　　　　（宗教研究国際学会：ミレニアムとの出会い、1999年）

若者世代に対する助言

　若者世代のものの見方は表面的で、イスラエル・パレスチナ問題を深く理解することができていないように思われる。彼らはまた、自分たちの幸運とパレスチナ人が置かれている立場をきちんと比較できていないようである。

　私が教育相だったとき、パレスチナ人のイスマイル・ファルキ教授が私を訪ねてきたことがある。彼は言っていた。マレーシア人は朝目が覚めたら、感謝して、「アルハムドゥリッラー（アッラーに感謝を）」を100回唱えるべきなのだと。なぜかと言うと、我々は独立後、ムスリムが主権を握ってきたが、パレスチナで力を持っているのは、ユダヤ人だからである。

　　　　　　（ウトゥサン・マレーシアのインタビュー、2005年）

マット・ロディ

背広を着たイスラム教国のリーダー

マット・ロディ記（2014年11月13日）

　ある特定の人たちがマハティールに対してよく言う非難の中には、マレーシアは真にイスラムの国ではないということがある。

　彼らは血眼になって、この国は本当は世俗国家なのだと言っている。国家を指導するリーダーもまた、世俗人であり、宗教に対して明るくないと言う。

　特定の人物や国家のイスラムへの接し方をさかんに議論したがる彼らの性質は、ムハンマドが逝去したときから、既に見られたことなのである。

　このような冷笑的な声に応えるためには、あらかじめ「国家」とは何かという概念についてよく理解しておく必要がある。歴史や文明の観点から見るならば、「国民国家」の概念はムハンマドの時代には存在していなかった。ムスリムによって統括されていた地域は、一つのイスラム共同体から成る地域社会と見なされていた。このような地域は、広域に渡っていたけれども、共通の法律などは持っていなかった。

　このことは、文書の形態で共通の法律を持っていたローマ帝国とは大違いである。

　つまり、これらから分かることをまとめると、当時のイスラム帝国に対する定義は、住民の大半がイスラム教を信仰していて、ムスリムがリーダーとなって政治を行っている地域のことを指していたに過ぎない。

　しかし、トルコでカリフ制の政治システムが葬り去られたとき、状況は一変した。そのシステム崩壊後、イスラム世界において「国民国家」として知られる国の概念が、初めてできたのだ。

　このとき生まれたイスラムの国々は、互いにそれぞれ異なった法律を持つようになった。しかし、それらの違いが、その国が「イスラム」であるかどうかを問題視するようなことはなかった。これは、マレーシアで起こっていることも含めてである。

　マレーシアにおけるイスラム教徒の大半は、スンニ派であることが分かっている。民主主義のシステムでは、大衆の声が重視される。仮に、今日、世界中のイスラム教徒の大半が、マレーシアをイスラム教国として認めるのであれば、何の問題もないのである。

　実際に、マレーシア政府があらん限りの努力を尽くして、イスラムの教えを広めようと実践しているのは、見れば分かることである。この姿勢は歴代の宰相に引き継がれ、マレーシアにおけるイスラム振興を重視してきた。我々は、イスラムというのはアド・ディンの宗教、つまり生活様式そのものなのだという言い方をよく耳にする。この生活様式は、政治、行政、政策、学問、健康、礼拝施設、生活の快適さなど、ムスリムが生きる上で必要なことを全て含んでいる。

　マレーシアにおける状況はどうであろうか？今日までを見ると、マレーシアという国が、ありとあらゆるイスラム教徒に対して、何かを強要したり、不公正なことをしたりしたという報告は、どこにも聞いたことがない。

　イスラムに求められている生活様式に沿って生きられるよう、ムスリムが求めるものは全て満たされている。信じられないのであれば、身近な公共施設を見てみるとよい。政府系施設はもちろん、非ムスリムが所有する施設にまで、お祈りをする場所がきちんと整備されているではないか。これでも、まだイスラムではないと言えるのか？

　ほかにも、マレーシアにイスラム金融業界を勃興させるための基礎を築いたという、マハティールの手柄を考慮すべきである。今日、マレーシアは、世界で一番多く、イスラム債券を発行している国となっている。マレーシアのイスラム金融業界の価値は、世界で第2位である。以

前であれば、マレーシアの宗教の専門家たちは、フリーの批評家か、宗教学校の先生になることしかできなかった。しかし、今日、彼らは金融界のイスラム系機関に勤めるようになった。これでもまだ、イスラムではないと言えるのか？

マハティール政権時に設立された、マレーシアにあるイスラム系大学の存在についてはどうなのか？ムスリムの卒業生が既に何千人も誕生しているではないか。

実際は、このようなことを問題視したがるイスラム少数派の議論は重要ではないのだ。彼らが認めようが認めまいが、マレーシアは事実上イスラム教国であり、ムスリムによって統括されており、アッラーが課した義務の全てを自由かつ安全に実践できているのである。

本当に分かっていないのか、あるいは、単にイスラーム党の獲得票数を伸ばすためだけにやっているのかはともかく、そういった彼らに、マレーシアはイスラム教国ではないと非難する資格などないのである。

クラファ・アルラシディンの時代に、いわば非常に信仰の強い人たちから成るカワリジと呼ばれる集団があった。カワリジにとっては、自分たちだけがムスリムであり、ほかのイスラム教徒は政治リーダーを筆頭に全てムスリムではなかった。彼らは、同じムスリム同胞を拒絶していたのである。

事実上、カワリジの特質は、どの時代においても、あらゆる場所に見られる。そして、それは、マハティール政権下にも存在しているのである。

4 リーダーシップ

はじめに

　マハティールは、（彼自身の告白によると）当然のことながら、政治に高い関心を抱いている。彼は、まだ学生のとき、政治に興味を持つようになった。しかしながら、彼は、当時の自分はまだ、一般大衆に自信をつけさせるだけの信頼を得るには至っていないと感じていた。そのために、彼は進学することになったが、希望していた法学部ではなく、医学の道に進むことになった。

　学生時代に、マハティールはメディアを道具として活用し、いろいろな問題、とりわけ政治問題に関する自分の意見や見方を発表するようになった。彼は「チェデット」というペンネームを使い、熱心に自説を発表していた。このことは、彼がほかの政治家とは違うということを印象付けた。

　政治家のキャリアは、車輪に似ていると言われている。瞬く間に上に行ったり、下に行ったりするからだ。マハティールの政治家としてのキャリアについても同様である。彼は、UMNO（統一マレー国民組織）を除名されたこともあるし、1969年のコタ・スター・スラタン地区の選挙で敗れたこともある。彼がこれらの敗北から学んだことは、一人の政治家が成功するには、そして、言うまでもなく、一国を治めるには、全ての民族からの支持を得ることが必要であるということである。

　その原則が、いつでも彼のモットーになっている。最近の第13回総選挙の際に、（マハティールが率いる）バリサン・ナショナル（国民戦線）が華人からの支持を得るのに失敗してしまった時も同様である。マハティールは今でも、バリサン・ナショナルの党員に「力の共有」概念を提唱している。多くの人がマハティールをウルトラ・マレーの政治家だと揶揄していたことを考えると、ちょっとした皮肉であろう。

　マハティールはまた、国会議員から党内に至るまで、現在の政治家の質についても頻繁に声を上げている。彼は、政治家たちがあらゆることにおいて、個人の利益を優先するのは公正ではないと訴えている。

　マハティールは、一般によく知られているように、「一心になる」政治家で、目標達成のためにひたすら努力するタイプの人である。多くの人が、フランク・シナトラの「マイ・ウェイ」の歌詞を使って、この発信力豊かなマレーシアの政治家の人間性を表現している。

　「マイ・ウェイ」の概念がいいリーダーを示しているのかどうかについては、議論の余地があろう。しかし、マハティールの政治家としての

リーダーシップという文脈においては、彼は明確なビジョンを持った一人の政治家であり、行っていることはマレーシアにとって重要なことばかりなのである。

政治家になる資格

　政治家になるには、どんな資格も必要としない。あなたにお伝えしておこう。私は、バナナ揚げの芸術と科学における分野で資格を持っていた。これが、私が戦時下にやっていたことだ。

　私は、バナナを揚げて、それを売っていた。そして、バナナ揚げの達人となり、首相になる資格があると認められたのだ。

（私の危険思想、2015）

　私はよく、「リーダーシップ」の極意について聞かれるのであるが、リーダーには支持者が必要だ。私に、支持者になる方法を聞いてきた人は一人もいない。しかし、リーダーにどのようについていくのかについてはみんな教わる必要があると、私は考えている。支持者なしに、リーダーはリーダーであり得ないのである。

　リーダーになるということは、言うまでもなく、自分の背後にいる人を指導するということである。もし、自分の背後にだれもいないのであれば、その人はリーダーではないのである。

　（マハティール語録　若者よ、元気かい？　出版記念会、2016年）

現在のリーダーに対する批判

　我々が無事でいられたのは、1956年5月1日にマラヤ連合を受け入れるという間違いを犯した国王に対し、物を申す勇気のあるリーダーがいたからである。彼らは、首を差し出すことを恐れなかった。

　今日の指導者たちは、自分の地位を守ることに必死で、正しい行いをすることにリスクを感じている。

（マレー・ペルカサ集会、2011年）

　あなたにリーダーがいるならば、そのリーダーは力を与えられてはいるが、その力は自分のために使うのではなく、大衆のために使う者でなければならない。もし、そのリーダーが、権力を自分のために使ったのであれば、あなたも社会も、その人をそれ以上リーダーであると認める必要はない。

　国の指導者は、大衆が何を望んでいるのか、そして指導者に何をしてもらいたいと思っているのかについて知る責任がある。もし、指導者がこれらの責任を全うしないのであれば、その人にはもはや、指導者としての資格はない。

（マハティール語録　若者よ、元気かい？　出版記念会、2016年）

国に対する UMNO の貢献

　世界で巨大な力をもっていたイギリスが、戦争に勝ったばかりで、あれほど賢く効率重視であったにもかからわず、マレー人に対して負けを認めることになったのは、マレー人が立ち上げたばかりの政党に一つにまとまったからである。UMNO（統一マレー国民組織）は、ジョホール出身の一人のリーダーのもと、全てのマレー人と同盟を結び、あらゆる階層の様々な組織をまとめて一つの政党を作った。それが、UMNOなのである。UMNOの指導者のみが、マレー人の権利をそれぞれの州に取り戻すように、代表して抗議する権利を持っていたのだ。

（『マレーは忘れやすい』、2001年）

　勝利によって、我々は、国民と国の発展のために尽くすことができるようになった。クーラーの当たる涼しい部屋の椅子に座るために勝利したのではない。UMNOの党歌の中にあるように、UMNOは全ての民

族に対する責任を負っているのである。

（UMNO指導部との親睦会、2001年1月）

　私は、UMNOが国を発展させたことに同意する。UMNOであって、UMNOの指導者ではない。

　それがまるで自分たち（リーダー）の成功であってはいけない。自分の手柄としてはいけない。私自身はそのようにしたことがない。

（UMNO党首演説に対するコメント、2015年12月）

国民の代表としての役割

　国民の代表は、贅沢を求めてはいけない。彼らは、いつも中程度の生活をして、国民のためにいつでも力を発揮できる状態にあらねばならない。今日の若者世代がBN（国民戦線）と協力することを拒否したのは、BNの指導者にいつも賄賂の問題があったからである。だから、私は、「次の選挙で勝ちたいと思ったら、自分たちのイメージを壊さないように気をつけなさい」と、BNの指導者一人一人にいつも言っているのである。

（国民代表の現代的役割と挑戦、2011年）

選挙結果について

　それにしても、マレーシア国民は実に幸運である。この幸運に最も感謝しなければならないのは、マレー人である。しかし、多くの者は感謝することを知らず、何の努力もすることなしに、幸運が自分たちのもとにやって来ることを期待している。1999年の選挙ではっきりしたことは、いかに多くのマレー人が感謝することを忘れて、国と自分たちマレー人を助けてくれた政府を陥れようとしたかということである。マレーシア政府の能力に感謝しているのは、マレー系ではないのである。

（『マレーは忘れやすい』、2001年）

リーダーの特徴

　私には、政治分野での経験、とりわけマレー文化に関する経験が少しある。我々は、リーダーに対して忠実であろうとする傾向がある。そして、リーダーがしたことを何も疑問に思ったりしない。彼はリーダーであり、自分たちは支持者である、だから、自分たちは言われたとおりにすればいいと思っている。更にひどいことには、非公開の場で説明を受けると、まるで自分たちがリーダーと秘密を共有しているかのように感じている。

　我々が判断を下したり、公正に裁いたりするには、両方の立場の人たちから、平等に話を聞く必要がある。

（UMNO草の根活動者、チェデット、2015年）

　今の時代の支持者たち（国民）は、既に、知識があって、自分で考えることができる人たちである。それゆえに、指導者は、支持者よりも更に深い思考、更に深い知識を持っていることが必要である。

　我々の指導者は、政治、経済などのあらゆる分野において能力を発揮することが求められる。そして、国の発展のために、皆に受け入れられる方針を打ち出さなければならない。社会、特に若年層が指導者を選ぶ際には、知名度だけではなく、その人がいろいろな層の人に受け入れられるかどうか、責任をしっかり果たせるかどうかを、よく見極める必要がある。

　指導者が病気の人を見舞ったり、式典に出席したりしているところだけを見ているのでは不十分である。真のリーダーは、仕事で結果を出すことと、問題を解決することができなければならないのだ。

（青年指導者の変革：ビジョン2020への挑戦、2012年）

　良い例を通して指導することは、今の社会にはもはや通用しないようである。しかし、リーダーが良い例を示しても無駄だという根拠はどこにもない。とりわけ、恥の心は非常に大切である。もし、あなたが恥ず

かしいと感じないのであれば、あなたが自分のことを気にしていない証拠である。恥を感じることは、あなたがより良い成果を上げるために大切なことである。人格を高める上で、価値体系は非常に大切な役割を担っている。恥の心は、その人の競争力を高める。人格がちゃんとしていなければ、成功などできないのである。

（第2回CHREST国際学会：国際競争力のための人的資本の変革、
2015年）

　私は首相になったとき、「良い例を用いた指導」をしてみようと思った。もし、リーダーが怠け者であったならば、その人の後ろにいる者たちが熱心になるわけがない。だから、私はほかの人よりも多く仕事をすることにした。ほかの人が定年退職をする56歳のときに、わたしは仕事を始めた。ほかの人は56歳になると、仕事をやめる。しかし、私は56歳のとき（首相になって）、仕事を始めた。

　首相就任後は、朝から夜まで仕事をしていた。私は首相であるから、朝8時から午後5時までというような「時間」はない。ないのである。私にとって、24時間、私は首相なのである。家族も時間がない。それで、私はよく聞かれた。外国から戻ってきたばかりで、どうやってすぐに仕事に取りかかれるのかと。外国へ行って、その日に到着して、その日も仕事をして、次の日も仕事をする。だから、私は言っているのだ。一生懸命に仕事をしたからといって死ぬことはないのだと。死はほかの理由で訪れる。勤勉で死ぬことはない。

（ミングアン・マレーシアのインタビュー、2014年9月）

　優れた指導力は間違いなく非常に重要である。しかし、正しい選択を可能にしてくれる、優れた指導力を、我々が早い段階で見極められることはまれである。ヒトラーを選んだドイツ国民は、彼が後にどんなタイプの指導者になるのか、分からなかったのである。

　一方で、最後には優れた指導者として頭角を現す人も、国民の支持を得る初期の段階で、多くの困難に直面する。ムハンマドは、イスラムの

教えを広めようとしたとき、タイフの住人に石を投げつけられたのだ。

（学生会議、2008年）

　その人がいくら素晴らしい指導者としての資質や特徴を見せているからといって、それが、その人が間違った選択をしないという保証にはならない。そして、同様に、いくら良い指導者の特質について学んだとしても、我々が間違いをする指導者を選ぶ可能性がなくなるわけではない。

（学生会議、2008年）

　私は、隠し事をするのが好きではない。また、そんなに外交的になりたいとも思わない。私は思っていることを正直に言っているだけだ。もし、だれかが私の言うことが嘘だと言うのであれば、それがどうしたというのだ。これが、今、私が思っていることである。

（ミングアン・マレーシアのインタビュー、2001年）

決断の仕方

　ある指導者が決断を下すとき、その人は必ずいくつかの段階を踏まなければならない。ご存じのように、私は一人の医師として働いたことがある。医師が診断を下す際には、標準化された手順がある。まず、患者の背景や生い立ちについて知らなければならない。次に、身体的な検診を行う。その後で、はじめて器具を用いた臨床検査や病理検査を行う。これらの手順は全て、不調の原因を突き止めるために行われる。そして、何の病気かが確定したら、処方を考える。行政においても、やることは同じである。診断と処方である。

　あなたが何か問題に直面したとき、それは一体どんな問題なのか、いつからなのか、どんな様相をしているのかについて、よく知る必要がある。たいていの場合、ほかの人の意見を聞く必要がある。あなたがその分野の専門家でなければなおさらである。そうすることで、あなたは、

「おお、これはお金の問題で、これは政治で、これは社会の問題だ」ということが分かるようになる。

　その上で、あなたはその問題を解決するために、問題の背景を分析しなければならない。これが、私が判断を下し、問題を解決している、いつものやり方である。

　私は事実に基づいて判断する。多少の政治経験があるとはいえ、勘に頼ることはまずない。もし、事実が、私の見方が間違っていると示しているならば、その診断は間違いなのだ。問題に対処するには、事実に基づくことがより安全なのである。問題解決の際に、自分が最初に持っていた考えに縛られ過ぎるのは良くない。そうしてしまうと、現実（事実）を注視しないことになり、あなたはおそらく診察を誤ってしまい、あなたが処方する薬もまた、間違ったものになるかもしれないのである。

　　　（マハティール語録　若者よ、元気かい？　出版記念会、2016年）

将来の指導者層

　時間がたてばたつほど、UMNOの指導者の力は落ちてきている。時間がたてばたつほど、総選挙で候補になる党員の能力も劣ってきている。能力のある落下傘候補は勝つことができない。これらに伴い、政府の指導者たちもまた、能力の劣る人たちの集まりとなってしまう。能力のある人たちは一体どこへ行ってしまったのか？彼らは、自分たちを受け入れてくれるところ、すなわち、対立する党へと行くのである。

　　　　　　　　（UMNOの今昔、チェデット、2008年）

政権争いについて

　UMNOに忠実な党員や指導者の多くが、リーダーに対して盲目的である。私も忠実ではあるが、私の忠実さというのは、党と、その党を代表するマレー人に対するものである。私にとって、このようにブログを書くことは、容易なことではない。しかし、国と民族のために、私は全てをさらけ出さざるを得ない。私はもう90歳近くになるが、まだぼけてはいない。私のことをぼけていると言う人は、実は自分に嘘をついている。

　マレー人は、自分自身よりも民族を最優先にするほかに、生き残る手立てはないであろう。

（UMNOと第14回総選挙、チェデット、2015年）

国政における国王の役割

　私のところへ来て、次のように言った人がいる。「何をしたって、首相は落ちることはないし、国王たちも一向に気にしないだろう」と。私は、我々がマラヤ連合と対立した時のことを、少し話しておきたい。当時、国王は、自分たちの国をマラヤ連合にして、イギリスの支配下に置くことに同意してしまっていた。国民には決定権がなかった。国民に決定権を与えてくれる憲法もなかった。

　つまり、法律に従っていては、国民は何もすることができなかった。できることといえば、サインした契約書を破棄するように、国王にお願いすることだけであった。マラヤ連合の「高等弁務官」誕生の日、国王は、国民から式典に出ないように懇願され、式典を欠席した。

　結果として、国王たちは、先の契約を破棄するようにイギリス側に請願したのである。憲法に定められていなくても、当時の国民は数が少な

くても、とりわけ賢くはなくても、国民の声は、聖なる声なのだ。
(PAC 1MDBフォーラム報告書、ナジブは有罪それとも無罪？、2016年)

安定した強い政府が必要な理由

最貧国では、政府に力がないか、あるいは、政府そのものがないために、何でも好き勝手にすることができる。しかし、発展途上国は、政府が強い力を持っていなければ、正常に機能することができない。

不安定で弱い政府は、混乱が生じるもととなる。そして、その混乱が発展途上国に発展や繁栄をもたらすことは断じてない。政治の崩壊は、一人一人の時間や精神に悪影響を及ぼす。まさに今現在の発展途上国において見られるとおりである。
(マレーシア国営放送（RTM）を通した1996年新年に向けた
首相メッセージ、1995年)

自分たちの国は、自分たちの責任のもとにある。我々は傲慢になったり、ほかの人たちを必要としないぐらい何でもできると思ったりしているのではない。我々は西欧諸国からも東アジアの国々からもどんどん学ばなければならない。しかし、実践や実行に移すのにどれが一番いい方法なのかを最後に決めるのは、ほかでもない我々自身なのである。
(第46回独立記念日における首相メッセージ、2003年)

国を導くための団結

人類文明の歴史が示しているのは、民族や国の発展には、多くの要因が影響しているということである。重要なことの一つは、優れた指導者は、国の発展にふさわしい能力を兼ね添えた助言者や職員に支えられているということである。

　ある文明が長く続かないとしたら、それは、指導者たち、助言者たち、職員たち、そして、社会全体が、協力しない、考えを共有しない、その文明を確かなものにしようとしないからである。

（ビジョン2020への挑戦に関するセミナー：
公共サービスの新パラダイムに向けて、1994年）

国のために

　マレーシアよ、君のため、

　祖国を立て、民族を強くする。千の計画を練り、前へと進む。闇夜を切り抜け、荒波に立ち向かう。光を追って走り、道の端で約束を果たす。たとえ行く手に100万の障害があったとしても。かつて戦場に落ちたこともある。しかし、前進を続け、ビジョンを達成する。

　この国のなんと平和なことか。祝福の恵み、豊かな繁栄。民族は一つ、精神は鋼。愛国心はますます燃えている。世界はもう、目を覚ました。尊厳は今や、現実となった。抑圧は、もはやない。屈辱は、もはやない。独立は、引き続き、維持されている。

　平和だなあ、我が祖国、マレーシアよ。

　議長よ、私は、提案致します。

（2004年度予算演説、2003年）

マレーシア首相としての最後のあいさつ

　私にとって、首相としての全期間は、一つのかけがえのない経験だった。マレーシア国民が、危機に直面する中、心を一つにしているのを見ることができた。マレーシア国民のこの独特な特質は、いかなる状況に

おいても決して無くなることはないし、自分の利益や政権に固執する人たちによって葬られることも決してないであろう。

　私は、政府トップの座から身を引くことになるが、マレーシア国民の一人一人に言っておきたい。これからやってくる困難に立ち向かうために目を覚ますのだ。そして、マレーシア国民としての責任を果たすのだ。それらを実行すれば、引き続き成功を収め、世界から尊敬される国に必ずなれる。

　マレーシア、ボレ！（ボレは「できる」という意味）
　　　　　　（第８次マレーシア計画半期見直しに関する報告、2003年）

マット・ロディ
マハティールのリーダーシップ

マット・ロディ記（2016年5月28日）

　一人の政治家としてのマハティールについて語られることはあまりにも多い。いずれにせよ、彼の人となりがほかの政治家と異なっている点は、彼の「一心になる」性格である。

　彼が行政を担っている22年間に起こった様々な出来事は、いい例になる。最も象徴的なのが、1987年に、ダト・ハルン・ハシム判事によって、UMNOが解党されたことである。

　当時、UMNOの中に激しい政権争いが起こっていた。マハティールはわずか43票を上回り、なんとか党首を勝ち取ることができた。しかし、競合相手は不服を申し立て、その問題を裁判にまで持ち込んだ。

　ダト・ハルン・ハシム判事による裁判で、UMNOは総裁選挙の法令を破ったとして、UMNOに法令違反の判決が出された。

　興味深いことに、その判決の書面には、次のように書かれていた。「内務大臣からの書面による許可があった場合、組織法のいかなる条項も適用せず、全ての政党に対して例外を認める。」これは一体、何を意味しているのか？

　これはつまり、当時の内務大臣が、UMNOの法令違反判決を覆すことができたということである。しかしながら、該当大臣はそれを行わなかった。そのときの内務大臣は一体だれだったのか？答え：マハティール。

　UMNOの法令違反判決と内務大臣としての抵抗は、マハティールの「一心になる」性格と、どう関係するのだろうか。

　この事例は、マハティールの人格をはっきりと示している。彼はその
とき、何が求められているのかをちゃんと分かっていた。リーダーとし
て最優先させるべきことは、政府の安定とマレー人の統合であった。彼
は、党内のわだかまりがいつまでも残り、悪化し続けるのを放っておく
ことができなかったのである。

　このことは、彼がリーダーとして、この出来事に妥協できなかったこ
とをはっきりと示している。だから、彼は、UMNOが解党処分を受ける
のをわざと放っておき、当時の政敵がある一定期間は鎮まるように仕向
けたのである。彼にとって、政党が「死ぬ」ことは大したことではない
が、民族と国は必ず生き残らなければならないのだ。

　批評家は、マハティールがこの機会を自分の政権強化に利用したと言
うであろう。しかし、批評家は、マハティールが元政敵を新しいUMNO
に迎え入れたという事実を忘れたことにするかもしれない。しかも、元
政敵の一部が、引き続き要職を務めることになったのだ。

　この出来事が、実は、マレー人の統合を最重要視するという、マハ
ティールの「一心になる」性格を、更に強めたのである。UMNOの法令
違反判決は、一時的なものであった。これは、医師が糖尿病患者の足を
仕方なく切断するのとよく似ている。それは「残酷」ではあるけれど
も、それによる利点のほうがはるかに大きいのである。

　マハティールは元医師だったこともあり、医学における手続きを、政
治分野、そして、彼のリーダーシップの中に採り入れたのである。

5 ビジョンと発展

はじめに

マレーシアは、1981年以降、急激に変化した。とりわけ顕著なのが、インフラ整備と、国の産業における変化である。

多かれ少なかれ、それらの変化は、22年間に及ぶマハティール政権のビジョンによる賜物であることに異論はない。

以前は、クアラルンプールの町の「顔」と言えば、スルタン・アブドゥル・サマドの建物であったが、現在は、世界で最も高いツインタワー、KLCCに取って代わられた。

また、以前は、行政の全てが町のど真ん中で行われていたが、現在は、プトラジャヤに新たな行政都市が誕生している。そして、行政都市の隣には、スマートシティであるサイバージャヤが、マレーシアにおけるIT産業の拠点となるべく存在している。

「マレーシアの玄関」は、かつてはスバン空港であったが、現在はセパンにある、クアラルンプール国際空港（KLIA）となっている。そして、その隣には、F1用のセパン国際サーキットが建設された。

これらのプロジェクトに巨額な費用を投じたことは否定できない。しかし、マハティールは、長期的なインフラ整備の重要性を考えたとき、それらの支出は妥当であると判断した。また、彼は、将来同じものを建設しようと思ったら、そのときは更にコストがかかることを考慮し、コストが比較的低いうちに着手すべきだと考えた。

　産業面においては、マハティールは、国産車プロトンの製造に乗り出した。彼が首相になったばかりのころは、マレーシアはまだ第一次産業で成り立っていた。ごたごたもあった（それは現在も続いている）が、プロトンは、マレーシアの重工業を直接担うようになっており、国の人材育成に貢献している。

　マハティールは、長期的な視点を持ち、自分のビジョンを国の発展後の姿とするのみならず、自分のビジョンをマレーシア国民全体のビジョンとすることにも成功している。

　マハティールに対する賛同者だけでなく、批判者もまた、ビジョン2020（長期開発計画）を国の発展具合をはかる基本標識とした。この一体感は、マハティールのビジョンの一つではないのか？

　マハティール政権時代の発展状況を概観すると、マハティールが「マレーシア近代化の父」と呼ばれるのも納得がいく。

マレーシア発展の必要性

　我々は、軍事面のみならず、あらゆる分野において強くなる必要がある。我々の国は、安定していて、きちんと機能し、強い経済力を持ち、科学技術産業においても後れを取らないものでなければならない。これらには時間がかかるが、必ず到達できる。そして、それらに向かって邁進している時間が、無駄になることは決してない。我々の宗教は、我慢することを説いている。インナッラー、ハマアス、サビリン。これを一度唱えれば、忍耐の後に知恵が湧いてくる。

（OICビジネスフォーラム、2003年10月15日）

世界で一番高いツインタワー：KLCC

　クアラルンプールに造られる建物は、クアラルンプール建築物として名が知られるようなものでなければならない。古い建造物の中ではバグナン・スルタン・アブドゥル・サマドが有名であるが、次々と建立される高層建築物に飲み込まれてしまっている。

　ダヤブミは、マレーシアのほかの建築物の見本になるように造られている。近代建築物は、単に「機能性」だけを重視した箱物であるのではなく、「美的価値」も持っていなければならない。そういった点で、我々のダヤブミは、もはや西欧建築に倣っているだけではないのだ。

（ダヤブミプロジェクト開始記念式典、1981年）

　今日は、成功と目標達成を祝う日だ。我々が今ここにいるのは、単にツインタワーの完成を祝うためではない。それより大切なのは、この式典は、マレーシアにとっての「未来への努力の始まり」を記念しているということだ。このツインタワーがそのシンボルとなるのだ。歴史だけが、この努力の試練と成功を見守ることができるのだ。

（KLCCツインタワー完成記念式典、1999年）

国は、何か見上げるものを必要としている。そして、我々は確かに、タワーを見るために上を見なければならない。背が低い人は、もっとよく見るために箱の上に立たなければならない。

我々のエゴにとってのツインタワーとは、背の低い人に対する箱のようなものである。我々には何か、そびえ立つ野心を表現するものが必要である。その野心とは、先進国になるということである。

(KLCCツインタワー完成記念式典、1999年)

我々は当時、クアラルンプールを一つの古い町のように思っていた。だから、クアラルンプール内にある100エーカーの土地開発のチャンスが巡ってきたとき、国の発展の象徴となるように、綿密に計画しなければと考えた。初期のアイディアは、一つの高層建築物を造ることであったが、そんなに高いものではなかった。そのとき、私は、アジザンに冗談を言った。「どうして世界で一番高い建物にしないのか」と。

しかし、彼は私の言葉をまじめに受け止め、シーザー・ペリ（建築家）に建物の高さを増すように要請した。

私は、KLCCはマレーシアの象徴であると思っている。これと張り合える開発はなく、マレーシア国民は必ずやKLCCを誇りに思うであろう。

(町中の町、2015年)

私はKDNK（国内総生産）、あるいは一人当たりの国民所得を見ない。私は、マレーシアがどんどん発展してきているという人々の実感を見る。KLCCを例にとろう。このツインタワーは、はじめは周りに友達がいなくて独りぼっちだった。しかし今日、KLCC公園は、高層ビルやコンドミニアム、事務所などに囲まれている。

(マレーシアはまだ成長中、チェデット、2012年)

南北高速道路

　時間の節約と効率性は、国の経済発展に欠かすことのできない二大要素である。南北高速道路のような、計画的で国際基準のインフラがあると、移動時間が短縮され、貨物や旅客の輸送が容易になる。私は、この南北高速道路が、都市開発を含むいろいろな産業の勃興に役立つことを期待している。同時に、高速道路の道路沿いは、通信ケーブルを引いたり、旅客のための施設、例えば休息所や宿泊所などをつくったりするのに適している。

（南北高速道路完成記念式典、1994年）

　当時のPLUS高速道路の建設は、移動時間を短縮し、移動を楽にするために行われた。政府が高速道路を使うように強要したことは一度もない。もちろん下道を使うこともできるが、遠いし、でこぼこ道だと、運転手が大変である。下道を使う場合は、確かに高速料金を払う必要はないけれども、おそらく余分に発生する修繕費を負担することになるのである。

（『マハティールの履歴書』、2012年）

行政都市プトラジャヤ

　国の行政機能をクアラルンプールからプトラジャヤへ移転したことは、クアラルンプールの一極集中をバランスよく分配するという国の方針とも合致している。クアラルンプールの「都市」環境や生活の質を上げたい、また、クランバレー（首都圏）における発展をより確かなものにしたいという政府の考えが、この移転を後押しした。

　政府は、移転先にセランゴール州の「大戦争」区域を選んだ。というのは、クアラルンプールからクアラルンプール国際空港（KLIA）までの発展の道中にある、戦略的地域だったからである。いつか、クアラルンプールとプトラジャヤとKLIAを合わせた地域が、巨大都市、あるいは「メガシティー」になるであろう。それは、ちょうど東京と横浜と周辺のいくつ

かの「都会」を組み合わた「メガシティー」と肩を並べるものである。

(プトラジャヤ完成記念式典、1995年)

　プトラジャヤについて語ろう。主な目的は、一つの行政都市を立ち上げることである。この目的のために、世界のいろんな街を見て、一つのインスピレーションを得た。プトラジャヤの設計に影響を与えた街の一つは、フランスの首都、パリである。我々が参考にしたのは、パリの街中にあるシャンゼリゼ通りである。

　実際に、シャンゼリゼは、年中通して、現地の買い物客と国内外の観光客であふれかえっている。我々は、パリのシャンゼリゼにあるものを、何でもかんでもまねようとは思っていない。また、我々は、プトラジャヤが行政都市だからといって、単に政府系事務所しかないところにする気もない。

(プトラジャヤ、チェデット、2014年)

　4,581ヘクタールの広さをもつプトラジャヤは、4年前まではヤシ油とゴムの木の農園で、マレーシア経済と国の発展にそれほど寄与してい

ないところだった。プトラジャヤには、短期間のうちに、26の政府各庁舎が建てられ、今日の人口は7,250人にまで増えた。この場所は間違いなく一つの「成長センター」となり、発展の中心地として、直接的あるいは間接的に、国と地域の経済活動を活発にしてくれるだろう。

　プトラジャヤは更に、KLIA、サイバージャヤ、クアラルンプールに近いという、戦略的な立地条件のところにある。また、プトラジャヤからKLセントラルまで電車で直行することもできる。

　おかしなことに、政府がプトラジャヤをつくったとき、それは予算の無駄使いだという非難がなされた。ペタリンジャヤ、スバンジャヤ、シャーアラムなどの、ほかの都市開発のときには、なぜ非難の声が上がらなかったのか？その答えは、政府を貶めるための欠点を探すような政治が行われていたからである。

（連邦領プトラジャヤ宣言式、2001年）

　プトラジャヤをつくったことで、公務員は、首都の喧騒から逃れることができた。喧騒は必ずやって来ると分かっていた。だから、我々は、この地域に移転するように計画したのだ。もしも、（今）プトラジャヤがなかったら、どうなっていたか、想像してみてほしい。

（プトラジャヤ、プレシント9区における選挙演説、2013年）

サイバージャヤ：マルチメディア・スーパーコリドー

　マレーシアは、3年足らずで国民経済と社会を「情報化時代」に移行させるための成長戦略として、MSC（マルチメディア・スーパーコリドー）のビジョン実現をめざしていた。サイバージャヤのMSCは、二つの主要事業のうちの一つだった。もう一つは、行政都市プトラジャヤで、既に存在していた。このツイン・シティは、テクノロジーパーク、ペトロナスツインタワー（KLCC）、そして、マルチメディア大学（MMU）と一緒になって、この国の新しいデジタル社会の中心となっている。

サイバー関係の法整備や、電子商取引促進のための措置といった、サポート基盤も既に整った。我々はまた、サイバー起業家や熟練工を支援するため、職業訓練や人材育成のプログラムなども用意した。MSCは、次世紀のための安定と成功の象徴となるであろう。

(サイバージャヤ完成記念式典、1999年)

マルチメディア・スーパーコリドー（MSC）プロジェクトにまだ懐疑的な人は、MSCに登録済みの会社の数を調べてみるとよい。政府はもともと、2003年までに約500社のMSC企業を目標に設定していた。しかし、今では、その数は800社にのぼっている。これが成功でなければ、何を成功と言うのか。

我々に対して間違ったことをしていると言っておいて、最終的には、その言葉を取り下げざるを得ない人に、我々は何度も遭遇している。

マレーシアへの投資にやさしい政策のおかげで、国は外国投資を引き付けることに成功してきた。それは、「外国直接投資」という用語がみんなの好きな言葉になるずっと前のことである。

(Ericsson@MSCの立ち上げ、2003年)

マレーシアは、スマートシティの発展を後押しするため、サイバージャヤに活動の拠点を置く専門家を、外国人を含め、たくさん呼び込む必要がある。

私がいつも言っていることは、私は自分のやってきたことにまだまだ満足していないということだ。私は、もっと速く、もっと素晴らしく、そして、時にはもっと高級にしたいと思っている。かつてサイバージャヤの開発を計画しているとき、将来多くの外国人が来て、我々が用意した快適な環境の中で過ごしてくれるだろうと期待していた。しかし、計画したことが思いどおりにはなっていない。というのは、多くの人が、クアラルンプールに住むことを選んだからだ。

　我々は、知的で学術的な、一つのコミュニティを作る必要がある。それ
により、彼らの交流が促進され、新しいアイディアが生まれるであろう。
　　　（アジア太平洋アウトソーシングサミット（APOS）、2009年）

クアラルンプール国際空港

　スバン空港に代わる新しい国際空港をつくろうという提案は、10年
以上前からなされていた。最終的には、セパンにつくるという話にまと
まった。セパンは、100年間の開発需要に応え得る、十分な広さを持っ
ていた。

　セパンは、クアラルンプールから約50キロメートルのところにあり、
クアラルンプールから決して近くはない。しかし、世界のどこを見て
も、新しい空港は、最重要目的地となる都心から離れたところにならざ
るを得ないのだ。KLIA は決して無駄遣いなどではない。

　それどころか、このプロジェクトは、当時の需要にまさに合致したものであった。我々のリンギットが安定しているときに、それに着手しておいて良かった。今となっては、同じものをつくることはできないであろう。

(クアラルンプール国際空港完成記念式典、1998年)

　KLIAにおけるターミナル容量の最終設計は、乗客1億人、貨物積載量600〜800万トン、滑走路5つとなっている。設計の第一段階としては、乗客2,500万人、貨物積載量100万トン、滑走路2つ、そして、ターミナルとサテライトがそれぞれ1つとなっている。第一段階の総面積は500万平方フィートで、これはヒースロー空港のターミナルの広さの約4倍に相当する。

(第51回国際航空輸送（IATA）年次総会、1995年)

　KLIAは、年間1億2,500万人の乗客が利用できるように設計されている。土地面積は25,000エーカーもあり、ターミナル1つとサテライト4つを追加で建設できるだけの十分な広さがある。KLIAは、まだまだいろいろ追加できる。しかし、エアアジアは、ボーディング・ブリッジや

写真出所: campusmalaysia.com

豪華装飾なしの、低価格ターミナルを希望している。KLIAにとって何ら問題ではない。

　KLIAは25,000エーカーの土地を有しており、将来的には、エアアジアの乗客6,000万人のニーズにも対応する予定である。（プトラジャヤには1万エーカーの土地しかない。）

（ラブ空港、チェデット、2009年）

セパン・サーキット

　景気後退時になぜこのようなレーシング施設を建設する必要があるのかと尋ねる人がいることを、私は十分に承知している。しかし、彼らは、その建設によって将来もたらされる黄金のチャンスについてよく認識する必要がある。

　レース1時間半の間、全ての目がこの国に集中する。テレビで1分間の広告を出すのにいくらかかるのか、それに90（分）をかけて計算すると、このサーキットがもたらす広告価値がどれほど大きいかが分かるであろう。そして、このレースを生中継で見ている3億人の中から、マレーシアを訪れたいと思う人が必ず出てくるに違いない。その数は計り知れず、確実に国の観光産業を活性化するであろう。

（セパン国際サーキット（SIC）開設記念式典、1999年）

　セパンF1サーキットの建設に、2億8,000万リンギットの費用がかかることが分かると、多くの人がそれを批判しようとした。モータースポーツはマレーシア人の主たるスポーツではないのだから、つくるのは無駄だと言われた。だが、サーキット建設の主な目的は、マレーシアを宣伝し、観光や投資を呼び込むことにあるのだ。

　日本のテレビにおける宣伝は非常に高額で、3分間の広告に100万リンギットもかかる。しかし、F1レースの間、マレーシアは、3日間で2時

間の放送を無料でしてもらうことができる。全体では、約300のテレビ局が、こちらが1セントも払わなくても、レースを放送してくれるのだ。

　世界中の300のテレビ局で3日間放映されるときの宣伝効果を考えたら、広告費用だけで、F1サーキットの建設費用を上回っているのだ。

　もし、我々が、F1レースを観戦するために訪れる観光客3万人の支出も考慮に入れたならば、サーキットが国の経済を潤してくれるのは明らかで、我々の支出2億8,000万リンギットが、決して無駄ではないことが分かるであろう。

（マレーシアの宣伝、チェデット、2014年）

　私がここ（ノーリッチ）に来たのは、彼らが短期間でレーシングカーをつくったということが信じられなかったからだ。実は、私は彼らに喝を入れていたのだ。「君たちがF1レーシングカーを完成させたならば、私がそこへ行こう」と。彼らはこの挑戦に成功し、私は負けたようだ。賭けをしていなくて、よかった。

（ノーフォーク州におけるロータス・レーシング工場
オープン記念式典、2010年）

写真出所：sepangcircuit.com

　もし、我々が、今日の批評家にいちいち頭を下げていたならば、ペナン大橋も、南北高速道路も、国産車も、KLIAも、プトラジャヤも、それらのプロジェクトは全てなかったであろう。覚えておいてほしい。外国人が我々を批判しているのは、自分たちがそのプロジェクトに参加できなくて、嫉妬しているからなのだ。これらの外国人批評家に迎合するマレーシア人は、自分たちが外国人にとって都合のいい道具になっているのである。自国民の利益を最優先し、外部からの扇動を追い払う時が来たのだ。我々の国は、我々の責任のもとにあるのだ。

(連邦領プトラジャヤの宣言式、2001年)

プロトン：国民車開発プロジェクト

　国内で重工業プログラムを実施すると政府が決めたのは、産業国の仲間入りを果たすために、国内の産業基盤を拡大、強化することを目的としてのことである。

　このプロジェクトは、我々が国産車を生産するという誇りを感じられるのみならず、補助産業の成長と発展に対する原動力ともなるであろう。部品製造業界は、このプロジェクトを通して、より高度な技術力を身につけ、工学に関するレベルアップを図ることができる。また、部品製造部門は、投資と雇用の機会を創出できる。更に、自動車産業は、金属やゴム、プラスチックを用いる産業など、他の付随産業の発展を促進することができるであろう。

(国産車製造工場とプロトン・サガ発売記念式典、1985年)

　我々は先進国になろうとしている。外国製品をただ使っているだけの国が、先進国になることができるだろうか？世界には、産業能力はないが、お金はある国もある。しかし、それらの国は、全ての物を外国から購入しなければならない。そのような国を先進国と見なすことができるのか？したがって、我々が本気で先進国になることを目指すのであれば、産業能力を高めることが必要不可欠である。我々は、科学者、エン

ジニア、発明家、熟練労働者などを必要としている。 彼らのために雇用を創出しないのであれば、それらの人たちは必要とされないであろう。プロトンは既に、多くの就業チャンスを提供しているのだ。

（プロトンに対する憎悪、チェデットブログ、2014年）

　赤字経営の場合は、工場閉鎖に追い込まれるかもしれない。そうなったら、10万人以上の労働者、エンジニア、管理職が失業することになるだろう。彼らの家族も苦しむことになる。しかし、それは、消費者にとっては大した問題ではない。彼らは、外国からより安くて、いい車を手に入れられるからだ。多くのマレーシア通貨が裕福な国に流れ出し、海外の労働者たちはより高い収入を得るようになる。

　我々は、競争に挑み、自分たちの顧客が利益を享受できるようにしなればならない。仕事を失った人たちは、一時的には購買者としての力を

失うかもしれないが、会社が生き残ることを考えれば、受け入れざるを得ないのだ。

（競争は良いことだ、チェデットブログ、2015年）

　外国の車を買うということは、お金がその国へと流れ出るということであり、利益を海外の労働者に与えているということを、忘れてはならない。

　国産車を買うのであれば、お金は国内にとどまったままであり、従業員はきちんと賃金をもらうことができ、流通業者や代理店の従業員もまた、利益を上げることができる。結果として、国内経済が成長し、何千もの家族が、より良い生活を享受できるようになる。仮に、全ての国内産業が閉鎖されたとしたら、お金があるほんのわずかな人たちしか、輸入品を買うことができなくなってしまう。我々は成長に失敗し、後進国に後戻りしてしまうのだ。

　マレーシアは、輸出入をしている貿易国の一つである。マレーシアに自動車を輸出している国は全て、自国の市場を保護している。だから、プロトンが外国の市場に参入することは、非常に困難なのだ。

（プロトン、チェデットブログ、2016年）

　政府は、これまで様々な形態でプロトンを支援し、免税措置も行ってきた。その総額は139億リンギットである。

　1985年以降の、プロトンから政府への納税総額は249億リンギットである。つまり、プロトンから政府への支払金額は、政府から会社への支援金額よりも多いことが分かる。

　プロトンはまた、自社の従業員1万2,000人と、関連会社の従業員約25万人の雇用を創出している。プロトンは、おそらく1,000億リンギット以上のお金が海外へ流れてしまうのを防いだと思われる。

（プロトン、チェデットブログ、2016年）

　政府は、プロトンを支援しない方向に傾いている。私が引退した後、自動車産業、エンジニアリング及びハイテク産業は、マレーシアにとって魅力のないものとなってしまった。

　それで、我々は、農業をするようになった。おじさん（アブドラ・バダウィ）指導の下、我々は、家の後ろに野菜を植えるようになった。これが（新政権の）「進歩」なのだ。今は、ナジブが政権を握っているが、彼は消費者を満足させたいと考えている。彼は2万5,000リンギット相当の、安い車を望んでいる。安い車がいい車とは限らないのだ。

　　　　　　　　　　（ザ・エッジ新聞のインタビュー、2016年）

　我々は、今日、工学の力を発達させることを忘れてしまっている。なぜなら、今の国家政策は、輸入を増やすことにあるからだ。現政府は、国産の製品に誇りを持っていない。輸入品は非常に安く、国内消費のための輸入量は、我々の輸出量をはるかに上回っている。民主主義の国においては、投票数は重要である。だから、現政権はおそらく、多くの国民の一時的な満足度を高めることを優先して、国の発展を確固たるものにすることを後回しにしているのだ。

　　　　　　　　　（プロトン、チェデットブログ、2016年）

　プロトンは、以前、パワーウインドウに問題があったために、プロトンは買わない方がいいと言われるという問題に直面していた。それを言うなら、私は、ランボルギーニを買わない方がいいと言いたい。なぜなら、ランボルギーニが道上で炎上していると頻繁に聞くではないか。おそらく、マレーシア国内を走っているランボルギーニはおよそ2,000台だと思われる。それに対し、プロトンは、たしか約300万台だ。もしも、プロトンが1台火を噴けば、それは300万分の1の割合であるが、ランボルギーニの場合は、2,000分の1だ。ちょっと考えてみてほしい。

　　　　　　　　　　　　（著作者インタビュー、2016年）

国家宇宙プロジェクト

　我々は、大きな夢を持っている。　それは、我が国の子どもたちが宇宙へ行くことである。夢の実現には、適切な候補者が必要だ。情熱的で、規律正しく、そして、勇気のある人が求められている。我々は、祈っている。そして、同時に、十分な準備を進めていかなければならない。マレーシア第一号の宇宙飛行士となって、マレーシアの名を更に高めるべく、多くの候補者が自らを奮い立たせることを期待している。

　（第46回独立記念日における首相メッセージ、2003年8月31日）

ビジョン2020

　ビジョン2020の基本概念は、手短に言うと、変化と課題に取り組み、変化と進歩を先導できるような、民族文化を形成することである。我々がビジョン2020を作成し、先進国の仲間入りを目指すと発表したとき、我が国のパラダイムは大きく変化したのである。

　この新しいパラダイムは、全ての人に受け入れられた。あらゆる血筋と階層に属する人たちから成る、政府と民間、個人と団体、組織と機関といった全てによってである。これを受け入れることだけでも、我々は既に、自分たちの考えや態度を古い心理的束縛から解放することに成功している。これは、かつては自分たちの能力を超えていると思っていた分野にも挑戦していく勇気を与えてくれる。そして、自分たちにもできる、しかも、うまくできると分かり、我々は驚く。これが、新パラダイムの効果なのだ。

　（ビジョン2020セミナー：新パラダイムの確立に向けて、1994年）

　マレーシアが低コストの輸出志向型の国から国内経済活動を基軸とした高コスト経済へと変われるならば、ビジョン2020を達成することがまだ可能である。国内の商業活動に基づき、国を発展させる時期が来た

のだ。過度な輸出に依存しない、内需拡大を図る新経済を、政府と民間が協力して、活発化させることができるならば、目標を達成することができる。我々は、国内の経済活動を通して、国民の購買力を高め、経済を拡大する必要があるのだ。

（ビジョン2020、任務遂行可能か？、2009年）

我々が先進国になるということは、富に限ったことではない。先進国としての地位を達成するには、産業だけでなく、技術革新や研究開発（R&D）の分野でも発展する必要がある。そうしてはじめて、我々は、先進国になれるのだ。

（プロフェッショナル・トーク・シリーズ、2014年）

マット・ロディ

マハティールの巨大プロジェクト：もし、なかったら、どうなっていた？

マット・ロディ記（2016年5月28日）

マハティール時代には、KLCC、プトラジャヤ、セパンF1サーキット、KLIAのような巨大プロジェクトが多く実施されたが、これらに対する批判は、彼を「攻撃」したい人にとっては必須の「弾丸」なのだ。

これらのプロジェクトは単なる「大げさ」、つまり過剰だと言われている。これらのプロジェクトの多くは、「最大、最長、最高」を意識している。目指している。これは一人のリーダーのエゴをただ満たすためだけにつくられたのだろうか。

批評家は、これらのプロジェクトがこの先100年間の必要性に応じてなされたという合理性を一向に受け入れそうにない。将来は、おそらくインフラの必要性が倍増しているであろうに。彼らには、「未来のために構築する」という論理は、プロジェクトの「無駄」を覆い隠すための典型的な言い訳にしか聞こえない。

では、それらのプロジェクトを評価するために、別のアプローチをとってみると、どうなるだろうか。つまり、「もし、マハティール政権時代になされていなかったとしたら、我々は今それをする必要があるかどうか」という観点から見るのである。

一体お金をいくら払わなければならないのか？（批評家たちはお金のことを非常に重要視しているので、それと同じ文脈で答える必要がある。）

まず、KLCCツインタワープロジェクトについてである。1998年に35億5,000万リンギットの費用がかかっていて、世界で一番高いツインタワーとなっている。

6年後には、台北101タワーが、76億リンギットの費用をかけて、完成した。これは、KLCC建設時のコストより114%高い。

18年後には、ワリサン118タワーが、41%も高い、50億リンギットのコストで建設される予定だ。

いずれにせよ、インフレやプロジェクトの地域性などの様々な要素を考慮する必要があるため、コスト比較はそれほど「効果的」ではないかもしれない。

しかし、もっと重要なことは、台北101タワーとワリサン118タワーは一つのタワーしかないのに比べて、KLCCは二つのタワーがあるということである。これはつまり、KLCCの「NLA（賃貸可能面積）」は、他の二つのプロジェクトよりもはるかに大きいことを意味している。

KLCCはNLAが（推定）454万あるのに対し、台北101は316万、ワリサン118に至っては193万しかないのだ。

したがって、KLCC建築は、費用対効果が高く、現政権よりも費用を節約しているため、賢明な決断であったと言える。もし、今日、クアラルンプールの中心部に88階建てのツインタワーを建設するとしたら、一体どのくらいお金がかかるのか、想像してみてほしい。

次は、クアラルンプール国際空港（KLIA）のプロジェクトについてである。1998年に完成し、年間2,500万人の旅客が利用できるが、そのコストは85億リンギットだった。

2006年に、ロンドン・ヒースロー空港は、年間3,500万人の乗客利用のために、ターミナル5をオープンさせた。その時の費用は、278億リンギットである。

2014年には、カタールのキング・アブドゥル・ハミド空港が、年間利用旅客数5,000万人の規模でオープンした。この空港の建設にかかっ

た費用は557億リンギットである。

　コスト面からの比較を長々とするまでもなく、20年前に建設された KLIAの妥当性は明らかである。しかも、既存のKLIAの収容規模は、現在最大レベルにまで達しており、将来の需要を満たすためにターミナル3が建設される予定である。これは、年間4,500万人の旅客ニーズを持つ「格安航空」市場のために、政府がKLIA2を新たに建設せざるを得なくなったという事実を差し引いてのことである。

　マハティールが実施したこれらの巨大プロジェクトが決して無駄遣いでも「白象（無用の長物）」でもないことは、十分に証明されている。同じようなインフラを現在構築するのに必要なコストを考えると、また、構築されていなかった場合に失われた「機会コスト」も合わせて考えると、プロジェクトは決して「巨大」ではないのだ。

　マハティールのビジョンと発展に関してもっと重要なことは、単にコスト面だけにあるのではない。理解する必要があるのは、そのようなプロジェクトを推進するために、彼が決断を下したという事実についてである。現在の我々は、プロジェクトの妥当性を評価する際に、「後知恵の恩恵」という完全な情報を持っている点で有利である。

　しかし、マハティールは当時、指導者として、完全な情報なしに決断を下さなければならなかった。彼は、的確なビジョンを持ったリーダーであるだけではなく、自分自身が正しいことを証明したリーダーでもあるのだ。これが、彼が持っているリーダーの特質なのだ。

　もし、批評家たちがまだ彼の巨大プロジェクトを批判し続けたいのであれば、よく見てほしい。マハティール在任中に既に完成され、その後順調に機能しているそれらを。しかも、彼自身が在任中にそれらのプロジェクトの恩恵を受けていたわけではない。恩恵を受けているのは、彼の後継者たちである。彼らは、自分たちの在任期間中に、それらのような巨大プロジェクトを実施する必要がないのだから。

選択記事：KLIA建設ビジョン

マット・ロディ記（ブログ記事、2014年11月2日）

　最近、KLIAはアジア太平洋CAPAから最優秀空港賞を受賞した。万歳！KLIAの初期計画に携わった人々は、十分に先を見通したビジョンを持っていた。

　周辺にまだ未開発の土地を1万ヘクタールも持っているような主要空港は、世界にあまり例をみない。これだけでも、KLIAの未来は非常に明るいと言えよう。ほかの国のほとんどの空港は、土地が足りないため、拡張される可能性は極めて低いのだ。おそらく、KLIAと同じ利点を持っているのは、ドバイのようなアラブ諸国にある空港ぐらいであろう。

　2030年までに、ヨーロッパにある200以上の主要空港で、旅客数が処理可能レベルの限界に達すると見込まれている。その時には、彼らは今ある空港を更に拡張することはできないと思われるが、航空産業はますます急速に成長しているであろう。2032年には、35,042機を超える新しい機体が空を飛んでいることだろう。空港利用者数が今より更に増えるのは、まず間違いないのだ。

　新しい土地を探して、新しい空港をつくることは、間違いなく時間がかかるし、高いコストも要する。最近では、ロンドン・ヒースロー空港のターミナル2の建設に、226億リンギットの費用がかかっている。これは単なるターミナルであり、空港全体ではないことを忘れないでほしい。

　産業の急成長、コスト高、そして、空港建設には時間がかかることをひっくるめて考慮すると、KLIAを郊外につくるという判断は、実に的を得ていたのだ。

　おそらく多くの人は、市内中心部からKLIAまで50kmも運転しなければならないことに嫌気がさしているであろう。しかし、世界の主要都市で、空港が市内中心部から遠く離れたところにつくられるのは、当た

り前のことである。

　ヒースロー空港はロンドンから35km離れている。シャルルドゴール空港はパリから40キロである。成田空港は東京から50km、仁川空港はソウルから60kmである。シンガポールのような小さい国でさえも、空港は市内中心部から25 km離れたところにある。

　しかし、多忙な現代人にとって、考慮されなければならないのは距離ではない。重要なのは、目的地に到着するまでにかかる時間である。よって、KLIAのエコシステムを補完するために、KLセントラルにERL（エクスプレス・レール・リンク）とエアターミナルが建設されている。それらは、利用客にとって非常に便利で、50キロの移動に、わずか28分しかかからないのである。

　KLIAを設計した黒川紀章は、乗客が飛行機を降りてからクアラルンプール市内に到着するまでにかかる移動時間がいかに重要であるかをよく認識していた。そのため、KLIAは、メインターミナルとサテライトを接続するエアロトレインも一緒に建設されている。セキュリティや手荷物などのプロセスを、乗客が素早く進められるようにきちんと計算されている。

　KLIAでは旅客の手続きが実に効率的に行われているので、空港は静かで、利用客は少なく、稼働率が低いかのようにさえ感じられる。しかし、実際は、年間4,700万人もの乗客がこの空港を利用しており、それは世界で20番目に多いほどの忙しさなのだ。

　しかしながら、このように、乗客がターミナルで費やす時間が短くなるというKLIAモデルは、MAHB空港運営者に損失をもたらすことになってしまった。

　これは、格安航空会社が特にマレーシアで急成長していることにもよる。これらの航空会社は、着陸料や停留料、その他のサービス使用料などに高い料金を支払うことをよしとしない。しかも、これらは、空港を

いつでも変更できるという選択権を持っている。なぜなら、これらには、国営の航空会社とは異なり、拘束がないからだ。

格安航空会社と競合しなければならなくなった従来の航空会社も、運営コストの削減に迫られたために、空港運営会社も航空会社に高額な請求はできなくなった。もし、高額な場合、それらの航空会社もKLIAでの運営をやめてしまうであろう。

したがって、空港は、航空サービスに頼らない、別の収入源を確保して、収入を増やす必要がある。

よって、KLIA2空港は、その点を考慮して開発されている。KLIAとは異なり、乗客はKLIA2でより長い時間を過ごす必要がある。それが確実に実現するように、「小売空港」、つまり、空港内でショッピングをするというコンセプトが導入された。ミッドバレー・ショッピングモールの半分に当たる面積が、KLIA2内にあると想像してほしい。商業スペースの賃貸、サービスの提供、及び、売買取引から、一体どれほど巨額の収入が得られるかは、想像に難くない。

東南アジア地域には、一つのターミナルで複数の航空会社が格安便を運航しているような、格安航空のハブ空港はまだなかった。シンガポールは数年前に同じようなことをやろうとしたが、エアアジアのような格安航空運営の十分な経験を持っていなかったために、実現には至らなかった。

しかし、今日、KLIA2では、既に7つの格安航空会社が事業を展開している。

そう遠くない将来、KLIA2からKLIAまで直行できるエアロトレインが運行を開始する予定だ。これにより、両空港の乗客は、外へ出る手続きを済ませることなしに、両方を自由に行き来することができるようになる。この構想は、KLIAが、格安航空とプレミアム航空とを組み合わせた、アジアの航空拠点になるということを意味しているのだ。

KLIA2が年間4,500万人の利用客数に達したとき、KLIA全体では、年間9,200万人を超える乗客を管理していることになる。これはつまり、KLIAが、世界で最も忙しい空港になるということである。

この構想は、KLIAターミナル3が近い将来完成したときの推定利用者数をまだ計算に入れていないことにも、留意してほしい。

三井アウトレットパークは現在建設中で、来年完成の予定である（*2015年開業済）。テーマパークや商業施設も、KLIA周辺に開発される予定である。周知のとおり、セパンF1サーキットはKLIAからそう遠くないところにある。いくつかの住宅地も既に開拓されるなど、開発は実に活発である。

よって、近い将来、KLIA地域全体が、みんなの目的地になるであろう。これは、単なる一つの空港ではないのだ。

これら全てが可能なのは、他の国々がこういったことを考えていなかったからではない。先に説明したように、KLIAが、構想全体の実現を可能とするだけの、広大な「土地銀行」を持っているからなのだ。

否が応でも、我々は、KLIA建設に携わったことのある人たちに感謝しなければならない。彼らのビジョンは、実に、先見性のある、前向きなビジョンである。それを持っていた一人が、そう、マハティールなのだ。

選択記事：プロトン30周年

マット・ロディ記（ブログ記事、2015年6月15日）

　通常、自動車会社を設立するためのコストは、数十億ドルに達する。ゼネラルモーターズは、ハイブリッド車の開発のためだけに50億ドルを費やしている。テスラ・モーターズは、電気自動車の開発に、60億ドルを使った。しかし、プロトンは、1億5,000万リンギットの資本金と4億リンギットの貸付金（1億2,500万米ドル）のみで始まった。このローンは、ゴールドマン・サックスによって管理されているのではなく、政府から直接借りているものだ。

　プロトンが設立されたとき、マレーシアの自動車市場は年間43,000台の需要しかなかった。これは、業界が非常に小さいことを意味している。実際に、年間6%の経済成長率に合わせて需要が順調に増加し続けたとしても、マレーシアの自動車市場は、今日でも年間24万2,000台にしかならない。

　しかし、政府は、プロトンを通じて業界を後押しし、今日では、一年に68万5,000台もの自動車が販売されるようになった。このように、販売台数が3倍に増加しているのは、間違いなくプロトンの存在のおかげである。

　プロトンは、これまでの30年間に、400万台の自動車を販売してきた。しかも、プロトンは、車を売るだけではなく、川下産業を通じて「価値連鎖システム」を構築するのにも役立ってきた。販売、スペアパーツ、デザイン、保険、金融、マーケティングなど、あらゆる分野の開発におけるプロトンの貢献を否定することはできない。創業以来、プロトンは政府に240億リンギットの税金を納めてきた。

　以前は、マレーシア人（特にブミプトラ）は、専門知識と資本が不足していたため、自動車業界でビジネスパートナーを獲得することが困難だった。しかし、プロトンは彼らにチャンスを与えた。マレーシアでは

現在、海外の自動車販売店で成功を収める人も出てきた。

　プロトンの最大の貢献は仕事を創出していることである。7万7,000人以上の労働者がプロトンに関わっている。このように多くの雇用機会を提供できる会社が、マレーシアに一体いくつあるだろうか？

　しかも、普通の雇用を生み出すだけではなく、高度に熟練した雇用機会も提供している。少なくとも、自国のエンジニアたちが国内にとどまって働くことができている。もしも、国産車プロジェクトがなかったならば、そのような機会が創出されていただろうか？

　設備、専門知識、そして、インフラがそろったことにより、多くの外国の自動車製造業者が、マレーシアに投資するようになった。より多くの車が売られるようになっただけでなく、仕事やビジネスも増えた。これらにより、同国の自動車産業の経済規模は更に拡大した。フォルクスワーゲンやホンダ、メルセデスが、マレーシアにCKD工場を開くようになることを、我々は想像していただろうか。

　国産車がなくても、輸入車の販売に対して税金を徴収すればよいという人もいる。しかし、それでは、我々が外国の車を買う度に、お金が海外に流出してしまう。そして、その金額は、徴収された税額を超えているであろう。我々は、貿易国として、取引口座の均衡を保つ必要がある。輸入額が輸出額を超えると、赤字が発生する。我々は、赤字を補うためにお金を借りることができるが、借金を支払うためにお金を借りるようになれば、ギリシャのように国家は破産してしまうだろう。

　プロトンは、車の輸出にはあまり成功しなかったかもしれないが、少なくとも国内の自動車購入により、お金の海外流出を防ぐことができた。プロトンの平均価格が3万リンギットで、プロトンが400万台の自動車を販売した場合、合計1,200億リンギットが国内の経済活動に使われたことになる。プロトンがなかったら、この1,200億リンギットは、海外に流出してしまっていたのだ。

　プロトンに厳しい批評家は、なぜマレーシアが、インドネシアやタイのような自動車組み立てのハブではないのかと言う。それらももちろん、雇用機会を生み出すことができる。

　しかし、単に未熟練労働力を提供することによって自動車組み立ての中心地になっているだけでは、先進国になることはできない。我々は、これら二つの国をよく見てみる必要がある。それらの国は、紙面上の自動車設計にはじまり、高速道路で走れるようになるまでの専門知識を、マレーシアと同じように持っているだろうか？

　答えは、ノーである。1985年にプロトン・サガが初めて発売されたとき、現地調達率は19％でしかなかった。しかし、そのわずか15年後、プロトン・ワジャは、現地調達率100％を達成した。つまり、デザインや材料から、プロトタイプや実車に至るまで、全て国産を用いたのだ。更に興味深いことに、プロトンは、他の自動車メーカーが通常費やすコストの約3分の1で、新モデルを開発したのである。

　つまり、これらのことは、我々がプロトンを通じて、様々な技術、技能、そして、自動車に関する知識を学ぶことができることを証明している。これらの知識や技能は、高い専門性と規律を要求するものなのだ。

　だから、インドネシアは、プロトンがそこで国産車を作るように誘致している。他国だって、知っているのである。先進国というのは、それらを開発できる国であって、それらを購入する国ではないことを。もし、プロトンに専門技術がないとしたら、インドネシアがプロトンを誘致するのはなぜだろうか？

　プロトンが過去最高の売上高100億リンギットと、税引前利益15億リンギットを達成し、2002年は輝かしい年となった。しかし、その後、プロトンは困難な時代に突入した。

　プロトンは以前、マレーシアで約80％のシェアを誇っていたが、現在は17％となってしまい、プロドゥア、トヨタ、ホンダに先を越され

てしまった。プロトン・アイリズとスプリマのモデルが外部車と肩を並べているにもかかわらず、プロトン車の品質に対する不信はまだ完全には消えていないようだ。

プロトンの年間生産能力は37万台だが、実際には年間12万台しか生産していない。400全ての業者に、「規模の経済」があるわけではない。仕入先の約半数は、最近のリンギット下落の影響をもろに受けている。マレーシア国民の購買力も年々縮小傾向にあり、プロトン購入のためのローン申請者10人のうち、銀行の承認を得られるのは4人しかいない。

プロトンに対する政府の支援も大幅に減少した。プロトンが受けていた免税措置は、外国の車にも適用されるようになった。条件は、現地調達率が90％以上で、マレーシアで製造されていることである。プロトンが外国で同じような特権を与えられるわけではないが、この措置は、外国の自動車メーカーにもなされたのである。

マレーシア国民は、プロトンに更なる時間を与えたくはないようだ。彼らはしばしば、起亜自動車や現代自動車の成功と比較したがる。しかし、彼らは、韓国が2000年初期に一人当たりの博士号保有率が世界で最も多い国になったことを忘れている。彼らの社会の思考レベル、革新性や生産性がマレーシア社会と異なっているのはある意味当然なのだ。

彼らは、ヒュンダイ・エラントラがヒットする一方で、ヒュンダイ・エクセルとソナタがあちこちで笑いものになったことを忘れている。キア・オプティマのヒットとは対照的に、キア・アマンティは全然だめだった。

世界の大手自動車会社は、それぞれが困難な課題に直面してきた。そして、それらを乗り越えて、より成長してきたのだ。米国がゼネラルモーターズに対して行ったのとは異なり、プロトンは、1,500億ドルの「救済」を必要としていない。プロトンは、時間と、マレーシア国民からの支援のみを必要としているのだ。

プロトンは、既に自動車生産の「SOP」を変えている。以前は、40台に1台の車両を取り付け後にテストしていた。しかし今では、販売前に、全ての車両をチェックしている。こうして、品質を保証しているのだ。

フォルクスワーゲンやトヨタ、ホンダのような4Sセンターにするために、自動車販売店を改装するのに20億リンギットが費やされるだろう。

プロトン車は、特定の輸出市場の要件を満たすように製造されている。例えば、プレヴェやペルソナ、スプリマは、「左ハンドル仕様(LHD)」に変更されている。また、プロトンは、「再調整された」車を販売することで、「中古車」としての価値も高めている。

プロトンとプロドゥアは、三菱自動車とダイハツと提携することで、多大な恩恵を受けている。また、プロトンは、スズキの技術と専門知識を兼ね備えたコンパクトカーを生産する予定である。その見返りとして、プロトン工場では、スズキ車6万台が組み立てられる予定である。

プロトンは必ず成功する。オースティン(イギリス)、サーブ(スウェーデン)、ローバー、ハマー、キャデラック、ポンティアック(アメリカ)などの有名ブランドがヨーロッパとアメリカから次々と消え去ったとき、プロトンはまだ堅実なブランドとして存在していたのだ。

これだけでも、まれにみる奇跡だ。

プロトン30周年、誠におめでとうございます!そして、90回目の誕生日を迎えたプロトンの創設者も、おめでとうございます!偉大なる、マハティールよ。

6 経済

はじめに

　マハティールが財務大臣を務めたのは、2001年から2003年までのわずか3年間であったが、マレーシア経済の発展は、22年間に及ぶ彼の指導力の賜物であったと言っても過言ではない。経済発展に関する成果の一つに、様々な職種を生み出したことが挙げられる。

　独立直後のマレーシア経済は、原材料生産と農業に極度に依存していた。雇用機会もそれほど多くはなく、失業は、マレーシアが直面している最も深刻な問題であった。これは、植民地から独立した国々がいつも直面する問題である。

　マハティールの成長戦略は、マレーシアを外国人投資家にとって魅力ある工業国にすることであった。

　マハティールにとっての最大の試練は、1997年のアジア通貨危機に直面したときのことである。彼は、同時期に、政治的危機にも直面していた。マハティールは、国際通貨基金（IMF）が講じた対処法とは異なる対応策を導入した。彼が導入した固定相場制と資本取引規制の対応策は当時、世界から大いに批判された。

　しかし、マレーシア経済が回復し、10年後の2008年に世界金融危機が起こった際に、マハティールは「最後に笑う」ことができた。なぜなら、先進国のほとんどが、マレーシアがかつて講じたのと同じ措置をとったからである。

　マハティールは、国の経済を発展させるために、新経済政策（DEB）を維持し、富の分配をより公正かつ総合的に行えるようにした。彼は、DEBに対する批判に対しても、はっきりと回答した。

　彼はまた、現政府のやり方を強く批判している。国民の所得を上げることにあまりにも注力しすぎて、生活の質や、科学技術分野における発展をないがしろにしているからである。

　元医学部の卒業生だけあって、マハティールのとった経済政策は、非常に独特で、型破りなものであった。

1997年通貨危機時にとられた特別措置に関する見解

　我々は、危機管理に努める中、1998年9月1日に選択的な資本規制を実施し、翌日1998年9月2日に、通貨を1ドル＝3.8リンギットにまで引き上げた。リンギットの価値は以前のレベルまで強くなったが、製造コストまで上昇してしまった。その結果、通貨価値が不安定な近隣諸国よりも、国際競争力が低下してしまったのである。

　また、我々は、シンガポール株式市場（CLOB）の閉鎖も余儀なくされた。そこは、マレーシアの株式も取り扱っていたのだが、彼らの活動（不正操作）のせいで、株式が下落してしまったのだ。

（国家経済行動審議会、2003年）

　マレーシアは、待つことができない。マレーシアは、異端者になることを選択した。規制によって、市場に秩序をもたらすという我々の訴えは、国際社会から無視されている。国際社会が変わることができないのであれば、マレーシアが、自分自身の手で改革しなければならない。

　もしかすると、失敗するかもしれない。しかし、たとえあらゆる金力と権力が手を組んで、我々に対抗してきたとしても、我々は、成功を目指し、最善を尽くす決意である。神は喜んで、我々を成功へとお導きくださるであろう。

（異端者と呼んでくれ、TIME、1998年）

　同様に、我々はほかの措置についても批判されている。我々は、経済を回復させるために、通貨の流通規制を行い、金利を下げ、流動性を高め、株式市場をコントロールしたのだ。

　しかし、今日、我々を批判していた人たちの多くが、我々の行動が賢明で、マレーシア経済の回復を助けたことを認めている。しかし、国内には、経済の低迷と悪化は我々政府の過ちによるものだと言って、時代

に取り残されている人もまだいるようである。

　このような考え方は、我々の経済の回復を妨げる。我々は、自尊心を持っているならば、西洋から賞賛されたいという態度は捨て去るべきだ。

（証券委員会ビル開所式、1999年）

　選択的な通貨規制を行ったとき、我々は馬鹿だと言われた。マレーシアは「IQ危機」に直面しているのだと教えられた。我々のとった措置は自由の束縛だ（アコニアン博士の発言）と言われた。私が権力を維持したいがためにそうしているかのように言われた。

　賢い知識人の多くは、マレーシアが通貨規制を実践したのは、ただ単に、IMF主導の経済再建はより面倒で、惨めだからだろうと考えていた。

（世界経済フォーラム、1999年）

　我々は西欧諸国からぼろくそに批判されているが、我々には国家や国民に対する責任があるので、彼らに屈服することはできない。批評家（西欧諸国）は、我々の国に対する責任がない。我々の国の人たちが苦しんでいても、それは彼らにとっては問題ではない。他方、我々は選挙によって選ばれている。だから、我々には、国民の福祉と幸福を守る責務があるのだ。

（エグゼクティブ・インテリジェンス・レビューのインタビュー、1999年）

　マレーシアは自由市場システムを信じてはいるが、それは宗教とは異なる。マレーシアにとって、それは、単に人間が創造した経済システムの一つに過ぎない。我々はそのシステムを最善を尽くして実践してみるが、自由市場という名のもとに、我々が全てを丸ごと受け入れなければならない理由はどこにもない。やみくもに追従しても、何の恩恵も受けはしないのだ。

（マレーシアのIMFへの挑戦：「方法」について、2003年）

私は、経済政策を自分のやり方でやった。そして、うまくいった。
（マハティールのIMFへの挑戦、ウトゥサン・マレーシア、2000年）

通貨スペキュレーションに対する批判

　1971年に複数の国が初めて結論を下したことで、通貨価値は変動し、為替レートの決定は市場に委ねられることになった。私はそのとき、国家の主権が消えてしまったと感じた。それ（為替レート）が市場に提示されるとき、市場は利益（実際は欲心）によって動く。だから、我々は、欲張りな人たちが自分たちに配慮してくれることを期待してはならないのだ。

　彼らがどうやってお金を稼いでいるのかを見ることができたら、彼らの実態が分かるであろう。たとえ彼らが、国の経済全体を破壊したり、大衆の生活を窮地に陥らせたりしたとしても、彼ら自身は痛くも痒くもないのだ。
（エグゼクティブ・インテリジェンス・レビューのインタビュー、1999年）

固定相場制についての合理性

　為替レートが一つのレートに固定されている場合は、リンギットの価値が変わらないことが分かっているので、一年間の事業予算を計画する際に便利である。現在のリンギットの変動システムは、不確実性を生み出すだけであり、ビジネスを行うためのコストを上昇させている。なぜなら、ビジネスマンはインフレの可能性を考慮し、為替ヘッジをする必要があるからだ。

（マレーシア国立商工会議所円卓会議、2014年）

　なぜ3.80リンギットなのか？通貨を強くし過ぎると、他国との競争に勝てなくなる。よって、我々は、1ドル＝3.80で通貨を固定し、時間

がたっても変わらなくした。これにより、我々の通貨は、安定した状態になった。

　我々の国の経済は、他の国々よりもはるかに早く回復しており、かつて我々を批判した人たちは今、我々が正しかったことを認めている。
（ワワサン2020・グローバル・リーダーシップ・シリーズ、2015年）

　政府がインフレを抑制する方法の一つは、為替レートを固定化することである。政府は為替レートを固定して、リンギットの強みを生かす必要がある。もし、かわりにリンギットを変動させ、レートを市場に委ねていたならば、リンギットが強くなったとしても、何の得にもならない。なぜなら、リンギットの強みを、国の物価上昇を抑えるために用いることができないからである。

　中国は為替レートを固定相場制にした。なぜ我々は固定相場制にすることを恥ずかしいと感じているのか？我々は、国際通貨基金（IMF）が言うことを気にしているのか？我々がIMFの方針を断固拒否しても、我々にとって悪いことは何もない。
（マレーシア・キニの独占インタビュー、2008年）

1997年通貨危機におけるIMFの対処法に関する批判

　我々の経済の破壊は、長期的には我々にとって好都合であると言われている。しかし、我々は、失業者数百万人、倒産した銀行や破壊された企業に対して、今の不幸は、実は、自分たちや国にとって良いことなのだと、どうやって伝えるのか？

　虎に食い荒らされている人に、あなたは希少動物の保護に実に役立っていますねなどと、どうして言えるのか？
（異端者と呼んでくれ、TIME、1998年）

　諸外国は、IMFに救済を求めたことで、実際は、状況が更に悪化した。例えば、インドネシアがIMFに救済を要請したとき、1ドル＝2,500から1ドル＝3,600にまで、ルピアが下落した。そして、IMFからいわゆる「救済」を受けたとき、ルピアは1ドル＝3,200と、最初は少し強くなった。ところが、その後、ルピアは暴落し、最大で1ドル＝16,000にまで落ちてしまった。韓国のウォンにおいても同様である。韓国はIMFからの救済を受けたが、通貨の位置は元に戻らず、状況は更に悪化したのだ。

（RTMの特別インタビュー、1998年）

　マレー人とマレーシアがいまだに深刻な危機に対して軟弱であることは、1997 ～ 1998年における西洋による通貨の不正攻撃の出来事から見てとれる。この攻撃は、我々を苦境に陥れた。我々が、外国からの圧力に屈し、自国の経済管理をもう少しで彼らに引き渡さなければならないほどであった。外国勢力によって攻撃され、貧困に陥った他国は全て、自国の経済管理を外国勢力（IMF）に任せなければならなくなってしまった。これは、それらの国が、自国統治の独立性を失ったことを意味している。しかし、我々は、そのような悲運をうまく回避することができた。外国勢力を跳ね返し、自国経済を回復させるために、独自の方策を講じたからである。

（「21世紀のマレー・アイデンティティ」シンポジウム開会式、
及びザバ議長席の創設、2000年）

1997年の通貨危機以降における西欧諸国への見返し

　我々は、クロニズム（身びいき）かつネポティズム（縁故主義）だと言われている。また、我々の経済管理は不透明だと非難されている。それらが我々の経済を弱体化し、崩壊させているのだと言う。

　政策と慣習を同じくする政府が、非常に急速に経済を発展させたために、1997年7月以前は「エコノミ・ハリマオ」または「タイガー・エコ

ノミー」として知られていたことは、もはや忘れられているようだ。もし本当に、我々の政策や慣習が間違っていたのならば、なぜ、我々の国の経済はもっと早い段階で危機に陥らなかったのか？なぜ、それが急速な成長をもたらしたのか？なぜ、独立直後の国民一人当たりの所得はわずか750リンギットだったのが、通貨危機に襲われる前には12,500リンギットにまで上がっていたのか？もし、彼らが我々の通貨価値や株価を落とさなかったならば、我々の経済はひとりでに悪化しただろうか？

(UMNO総会、1999年)

　まず第一に、アジア人がいつも馬鹿だとは思ってはいけない。第二に、アジア人みんなが、社会のことを顧みずに、私利私欲に走る腐敗した人間だとは思ってはいけない。第三に、株式市場や通貨投機で巨大な利益を得ているような、そういう人たちの懐を潤すために、我々が社会を管理することを期待してはいけない。自分たちがもうけられるなら、ほかの人は苦しでもかまわないと思うのは間違っている。あなた方に最後に言いたいことは、自分たちが進む方向は、自分たちの手で決められる権利を、我々に与えてほしいということだ。

(世界経済フォーラム、1999年)

　米国はかつて、マレーシア政府が会社を救済したことを非難していた。しかし、今では米国政府が同じことをしている。彼らは、2,000億ドルから4,000億ドルのお金を動かし、連邦預金銀行による大規模な「救済」を行っている。

　ベアー・スターンズの売却にはびっくり仰天したが、ほかの銀行も、まだ業績を上げてはいない。それらもおそらく、オークションによる売却を余儀なくされるであろう。ちょうど、東南アジアの銀行が、通貨危機で破綻し、売却を余儀なくされたのと同じである。空に向かって吐いた唾が、自分の顔にかかったのだ！そして、傲慢な富裕層や金持ち国家があおりを受けることになるのだ。

(マレーシアと不確実な世界、チェデットブログ、2008年)

経済成長戦略

　我々が行った奇抜な方策の一つは、巨大プロジェクトを講じたことである。我々は、830kmに及ぶ南北高速道路、クラン港における6kmの港湾、ペナン大橋、KLタワー、ペトロナスツインタワー、その他多くの巨大プロジェクトを完成させた。これらは全て、我々の成長と繁栄に貢献している。これらは全て、飾り物ではなく、基本的なインフラなのだ。
（世界銀行年次セミナー、1999年）

　MSC（マルチメディア・スーパーコリドー）は、幅15km、長さ50kmの通り道である。それは、世界で最も高いツインタワーであるKLCCからからはじまり、この地域で最大の空港であるKLIAまで続いている。

　MSCは、世界クラスのインフラ設備を持っている。KLCCと新空港は、スピード鉄道やスマート高速道路、二つの新しいスマートシティとつながっている。

写真出所：worldfinance.com

　一つ目の町はプトラジャヤである。そこは、行政の中心地あり、1998年までにほぼ全ての政府関係庁舎がそこに移動する予定である。その隣には、公園の中の町、つまり、サイバージャヤがある。そこは、技術と創造性のための施設を提供するために、特別に設計されたエリアである。それは、マルチメディア大学の周辺につくられる。

　我々は、MSCを世界への贈り物としてお渡しするつもりである。そして、それが、情報技術時代の課題を克服するのに役立つことを期待している。

　　　　（MSCに対する投資家のためのシリコンバレー会議、1997年）

雇用創出戦略

　マレーシアは、以前、職業の数を増やす必要があり、雇用創出のために、FDI（外国直接投資）を望んでいた。それは、経済発展の促進にもつながるものである。

　FDIを呼び込む政策は大いに成功した。失業問題を解決したのはもちろん、今や労働力不足の問題を引き起こしているほどである。だが、これにより、外国人労働者数が増大し、数十億リンギットのお金が彼らの国に送金されることになった。FDIはもはや、マレーシア経済の成長を助けてはいない。

　　　　　　　　　　（海外直接投資、チェデット、2010年）

独立以降の国家経済動向

　思い起こせば、我々は、歴史的な1957年の土曜日から、ずいぶんと遠くまで来たものである。その日は、446年以上も続いた植民地支配から、自らを解放した日であった。当時、我々の国は非常に貧しく、平均収入は一人当たり300米ドルしかなかった。

我々は、わずか46年で、ゴムと錫だけに頼る国から、製造業の国となり、今や素晴らしい情報産業の国となった。識字率は現在94.1％であり、平均所得は約4,000米ドルにまで上昇した。貧困率は、1970年には52.4％だったのが、2002年には5.1％にまで減少した。また、我々は、94,320人の専門家も生み出すことにも成功している。これらのうち、13,869人が医師、41,747人がエンジニア、10,688人が弁護士である。

(第８次マレーシア計画半期見直しに関する提案発表、2003年)

平均収入 VS 購買力

賃金の引き上げよりも効果的なのは、我々の購買力を高めることである。実際に、我々のリンギットは、米国における米ドルと同程度の購買力を持っている。つまり、我々の賃金が先進国と比べて低くても、同額の賃金で、先進国の労働者よりも3倍多く商品やサービスを購入することができる。我々の賃金は低いので、我々の生産コストも低くなる。これにより、我々の商品とサービスの競争力が増すのである。

我々は、価格の管理を通して、生活費の上昇を抑え続ける必要がある。なぜなら、我々はより良い生活を享受する一方、我々の輸出品は競争力を維持し続ける必要があるからだ。収入を上げることには意味がない。収入を上げると、その国の商品やサービスのコストが増大し、結局は我々が得た増収分をすべて飲み込んでしまうのだ。

(第８次マレーシア計画半期見直しに関する提案発表、2003年)

イスラム金融

我々は、イスラム銀行が現在どのように受け入れられているかを見てきた。イスラム倫理に準拠して事業を行うこともやがて認められようになるであろう。我々は、自分たちのシステムを他人に押し付ける必要はない。

　同様に、我々は、他人が規定した方法でしか事業を行えないのは間違っていると強く主張しなければならない。なぜなら、それは、我々の宗教的信仰のためではなく、単純に彼らが悪質で不公平なことをやっているからである。今日の市場は、ギャンブルが多すぎて、富裕層による貧困層の搾取につながっている。欲張りが過ぎる。

（OICビジネスフォーラム、2003年10月15日）

自由市場と助成金

　自由市場は、それが一体何であるかについて認識されなければならない。それは、収益を最も重視する市場である。政府を懲戒するための政治的な力ではない。世界貿易を食い物にする権利は、国連によって課税されるべきである。そして、課税金は、世界の貧しい国々に必要なインフラを整備するために、国連が管理すべきである。

　富裕国による、食料と他の製品を生産するための補助金は、禁止されなければならない。しかしながら、貧しい国々に対しては、産業と食料生産を保護するために、規定期間中は考慮されるべきであろう。

（国連総会、2003年9月25日）

物価上昇問題と政府の政策

　重要なのは、スピーチやメディアで盛んに訴えることではない。物価が益々上がっているという事実である。物価上昇、これが、みんなの実感なのだ。これが、スピーチや経済回廊などよりも、有権者に影響を与えているのだ。数百万リンギットの回廊があると言われても、我々の懐が潤うわけではない。今、我々が分かっていることのは、食料と石油にもっと高い代金を支払わなければならないということである。

（マレーシア・キニの独占インタビュー、2008年）

マレーシアのインフレ率が他の発展途上国や一部の先進国と比較して低いままである理由の一つは、必需品の価格を管理しているからである。価格管理がなければ、利益過剰になるであろう。そして、過度の利益は、より高いインフレ率をもたらすであろう。

今日、特に賃金をもらっている人たちは、負担を強いられている。給料は、生活費上昇とのバランスをとるために上がってはくれない。賃金引き上げによって物価上昇に追いつこうとすることは、インフレの急上昇を引き起こすであろう。一方で、コスト増加と釣り合わせるための緩やかな賃金の増加は、低所得層に対するインフレの影響を緩和するであろう。

(マレーシアと不確実な世界、チェデットブログ、2008年)

マレー経済の開発

華人を「抜き取って」みたとしよう。一体どうなるのか。クアラルンプールを例にとってみよう。華人が所有するものは全て、彼らの家や建物も含めて、全部外に出す。残るのは何か？…カンポン・バル…それだけである。独立後、44年が過ぎたが、我々の居場所はカンポン・バルにしかない。高層ビルがあっても、それらは政府機関のものである。このことを、よく考えてほしい。

(ミングアン・マレーシアのインタビュー、2001年)

民営化問題に関する回答

多くの発展途上国では国民は資本や専門知識を持っていないため、民営化とは、借金の返済に充てる米ドルを得るために、外国人に売り渡すことを意味している。マレーシアにおいて、民営化とは、引き継ぎが可能で、適格なマレーシア人への引き渡しを意味する。外国人は、丸々ではなく、ほんの少しの割合でしか購入できない。だから、外国人は、民

営化で大きな富を得た現地人を見ると、うらやましく思っている。も
し、全てを民営化してもらうことができたら、自分たちもそれだけの利
益を上げられたのにと彼らは悔しがっている。

　民営化の機会を得たマレーシア国民は、政府指導者の親戚や家族であ
ると見なされ、非難される。彼らは、入札を通じて選出され、政府とは
無関係であるにもかからわず、依然として縁故主義だと責められる。全
ての民営化が外国人に引き継がれた場合のみ、クロニズムとネポティズ
ムの非難がなくなるであろう。

(証券委員会ビル開所式、1999年)

新経済政策（DEB）の固守

　今度は、大金持ちのブミプトラについてである。その数は、既に数千
人に達してる。彼らのほとんどは、政府から機会を得ている。なぜか？

　そのわけは、政府と政府機関だけが、彼らに機会を提供しているからである。他から契約をとれるブミプトラの請負業者はいない。政府が彼らをそうしているのは、DEBがあるからである。

　　　　　　　　　　　　　（新経済政策、チェデットブログ、2009）

　近親者とは、何のことを言っているのか？もちろん、首相を含め、成功者は、多くの人に名を知られることになる。もし、近親者と見なされ、非難されるのを避けたいのであれば、その方法は、ブミプトラからの成功者は、ほんの一人も出さないことであろう。

　大げさに言っているのではない。ほんの一握りではなく、何百万人ものブミプトラが、DEBによる恩恵を受けてきたのだ。それなのに、「リベラルかつ非レイシスト」の肩書を得たいがために、同じブミプトラがDEBのチャンスを得ようとするのを阻止する人がいるという。非常に遺憾なことである。

　　　　　　　　　　　　　（新経済政策、チェデットブログ、2009）

　最終的に、マレーシアは、1997年から1998年の通貨危機の影響を受けた他の国々にあったような人種的暴動を起こすことなく、通貨暴落による景気後退に立ち向かうことに成功した。まさに、これが、DEB成功例の一つなのである。DEBは、マレーシアの人種間格差を縮小し、近隣諸国に見られるような人種間衝突が起こるのを回避したのである。

　　　　　　　　　　　　　（NEP、チェデットブログ、2011年）

　DEBの下での積極的格差是正措置は、先住民族・マレー人と華人との間における富の分配格差を縮小した。また、DEB導入前には、ブミプトラは国の資産のわずか2％しか所有していなかったが、今では19％に増加したと言われている。格差は依然としてあるが、縮小した。（アメリカでは、ジョセフ・スティグリッツが、金持ちと貧乏人の間の格差は既に危険なレベルに達していると書いている。）インドと南アフリカもまた、積極的格差是正措置を試みた。

しかし、結果はマレーシアほど良くはなかった。マレーシアは、米国を含む他の多くの多民族国家よりも、平等な多民族社会を築くことに成功しているようである。能力主義、すなわち、メリトクラシーは、良い成果をもたらさないのだ。

フォーリン・アフェアーズ誌は、マレーシアの積極的格差是正措置が有益であることを認めた。

（人種的不平等、チェデットブログ、2015）

経済成長と生活の質の概念理解

経済成長は、必ずしも雇用を生み出し、みんなの賃金を引き上げるわけではない。もし、ある人が年間100万リンギットを獲得したとしても、その人が1,000人のグループに属している場合は、そのグループの平均収入は年間1,000リンギットである。これが、実測値と平均値の違いなのだ。

私はいつも、自分のスピーチを通して、平均値がたった2フィート（約60センチ）しかない川でも溺れる人がいることを、みんなに伝えている。我々が平均値を用いて言葉遊びをしているうちは、それが見栄えよく感じられる。しかし、見栄えがよくなるように情報が操作された場合は特に、現実は大きく異なるのである。

経済が成長しているにもかかわらず、それが国民にとってのより良い仕事や増収に結びつかないのは、そのためである。

（マレーシア・キニの独占インタビュー、2008年）

見習うべき経済モデル

　現在のところ、西欧諸国は問題だらけである。西洋の問題は、あまりにもたくさん借りすぎて、返済できないということである。我々がモデルとする国は、そのような国であってはならない。だから、我々は今後も、西ではなく、東を見続ける必要がある。西側は、現在、破産に向かっている。

（第3回ランカウイ・イスラム金融経済国際会議（LIFE 3）、2011年）

発展経済 VS 高収入経済

　我々は今、たった二つのことにしか着目していない。それは、一人当たりの国民所得とGDP（国内総生産）である。これでは、我々は先進国にはなれない。

　もし、富が我々の発展の証であるならば、サウジアラビアやアラブ首長国連邦などの産油国は、ほかの民族をはるかに超えて、既に発展しているはずだ。

（UiTM・プロフェッショナル・トーク・シリーズ、2014年）

　先進国として定義されている国は、一人当たりの国民所得が高いだけでなく、生産性も高いのである。なぜなら、先進国は、知識分野に長けており、産業や商業、ビジネスにおける規模も大きく、内容も充実しているからである。

　先進国は、洗練された十分なインフラを備えている。それは、人々の生活を快適にするだけではなく、商業活動を活発にしている。

　我々は、国の発展を、高収入から切り離して考える必要がある。先進国では通常、大半の国民が高収入を得ているが、高収入それ自体が、国

の発展を示しているわけではないのだ。

(高収入国、チェデットブログ、2013)

　高収入は、生活費が高くなる原因となるであろう。そして、生活費の上昇は、購買力を低下させてしまう。つまり、収入が増えても、生活費もいっしょに上がっていたのでは、何の意味もないのである。

(高収入経済、2010年)

マット・ロディ

マハティール：マレーシア経済の名医

マット・ロディ記（2016年5月23日）

　マハティールは、「変革」という言葉が普及するより前に、国の経済変革において重要な役割を果たしてきた。彼のおかげで、国の経済は、農業経済から産業経済へと変わった。そして、彼のキャリア終盤には、マレーシア経済は、知識型経済（Kエコノミー）への道を進んでいる。

　20年で国の経済を変えることができるリーダーは、世界にそれほど多くはない。マハティールはまさに、そのうちの一人である。これは、彼に経済的リーダーシップが備わっていることを如実に表している。

　マハティールは、言うまでもなく、明確なビジョンを持っている。しかし、ビジョンは、実現されなければ意味がない。十分な力を備えた支援軍がなければ、そのビジョンも朽ち果ててしまう。

　マハティールが選んだチームを見るには、財務大臣の席を託すために彼が行った選択を見てみるとよいであろう。

　これまでに財務大臣の地位に就いたことのある人物は、著名な大物ばかりであり、彼らは、市場、投資家、そして、一般の人々からも信頼されていた。ラズレイ・ハムザ、ダイム・ザイヌッディン、そして、アンワル・イブラヒムは、言うまでもなく、重鎮である。同様に、アリ・アブドゥル・ハサンのような、経済計画ユニット（EPU）を率いた公人もまたそうである。彼は後に、マレーシア国立銀行の総裁になった。国立銀行総裁の選出がマハティール政権時に問題になったことはない。空席状況や次にだれが総裁になるのかといったことが、公で議論されることもめったになかった。

　このことは、マハティールが、強い経済的リーダーシップを持っていることを示している。国民、投資家、そして、市場は彼の人選を信頼していたので、国立銀行総裁のような役職にだれが就くのかは、あまり問題とはならなかったのだ。

　マハティールは、ほかにも、経済危機を管理する能力を証明した。

　1997年のアジア通貨危機は、自分自身の力を常に信じることの大切さを教えてくれた。マハティールは、国際通貨基金（IMF）の方策を信じなかった。彼は、IMFが1997年の通貨危機への対応策として出してきた提案を言われるままに受け入れることはなかった。彼は、自分自身の経済専門チームとの議論を経て、資本取引規制、固定相場制、金融機関の合併などの特別措置を講じた。

　それらの方策は、西欧メディアから軽蔑されたり、外国から激しく批判されたりして、失敗するかのように思われたが、マレーシア経済は回復した。しかも、我々の国は、インドネシアや韓国のような「政治的負担」を背負うことなく、回復したのである。

　マハティールは、危機から逃げ隠れることはなかった。責め立てられても、彼は前方を見て、投げかけられた質問全てに答えていた。彼の記事「異端者と呼んでくれ」は1998年9月のTIME誌に掲載されたが、これは、彼に備わっている経済的リーダーシップと勇気を示す典型例となった。

　一体だれが予測しただろうか？彼の型破りな方策が正しかったと認められ、マハティールが「最後に笑う」ことを。

7 教育

はじめに

　マハティールは、マラヤ（当時）で最も初期の医師の一人でもある。教育は人の運命を変えることができると、彼は信じている。少なくとも、教育が、彼の運命を変えたのだ。

　しかし、全ての人が彼に同意するわけではない。

　知識を得ることは、社会の大部分、特にマレー人にとって優先事項となってはいない。来世では一般知識はあまり重要ではないため、宗教的な知識だけを学ばせたいという一部の人たちの呼びかけによって、状況は更に悪化している。

　マハティールは、宗教的な知識と一般知識は区別されるべきものではないと主張している。なぜなら、イスラム自体が、現世と来世における慈善（発展）の大切さを説いているからである。実際に、科学や数学、科学技術の知識を深めることに失敗したことで、イスラム社会の大部分が衰退し、西欧諸国に依存してしまっている。

　マハティールはまた、学生の主な責務は、政治活動に積極的に参加することではなく、勉学に励むことであると主張している。この原則により、彼は、1970年代に教育大臣になったときに、大学・カレッジ法（AUKU）を導入して、学生の政治活動を制限した。

　批評家は、その行為は政府または彼自身の保身のためであると言うかもしれない。しかし、AUKUの導入は、学生が授業に集中することをやや「強制」しており、彼らの教育資金となっている納税者のお金が適

切に使用されることを間接的に保証している。

　マハティールはまた、英語の習得は国家および民族の発展にとって避けられないものであると考えている。それゆえに、小中学校の理数科目を英語で学習する政策（PPSMI）を提案した。当然のことながら、この方針は、多くの関係者に物議を醸した。しかし、マハティールには、ちゃんとした独自の見解があったのだ。

　マハティールはまた、国の教育制度の質にも着目している。崇高な価値体系の構築、正しい歴史教育、そして、学校教育段階での民族統合など、彼は、国家の教育制度の重要性についても触れている。

教育に対するマレー人の心理

　マレー人は、知識の習得をあまり重要視していない。親は子供たちの勉強をあまり後押ししない。マレー人学生には一定の割り当て枠があるから、大学に入るにはそこそこの成績でも大丈夫だと言う人もいる。政府は、マレー人学生の国公立大学への進学を決定する。これは、政府の責任である。どの政府も、国立大学への進学者決定に責任を持っているであろう。国立大学進学のために確保された一定枠は、マレー人に与えられた特権であり、時代の果てまで保証されるべきである。

（『マレーは忘れやすい』、2001年）

国の発展のために知識を身につけることについて

　知識の習得は、将来のためにとても重要である。我々は、自分たちの言語をこの上なく愛している民族主義者であるからといって、子供たちから将来の可能性を奪い取るようなことをしてはいけない。言語への愛は、民族への愛を超えてはいけないのだ。

　自民族を愛する人々は、自分たちが、先進的で、知識豊富で、世界から尊敬されていると思い込んでいる。自民族の言語で話すことができるからといって、その民族が尊敬、尊重されるわけではないのだ。

（PPSMI、チェデット、2009年3月13日）

　我々は、知識と効率性を習得するために、子供たちを海外に留学させる。彼らは、戻ったら、国や民族の発展に貢献するであろう。ビジョン2020が達成されなかったら、一体どうなるのだろうか。私の魂は飛んでいってしまうだろう…

（韓国公式訪問に伴う学生とのプログラム、2002年）

大学・カレッジ法（AUKU）について

　マレー人学生は、どうも政治活動に非常に興味を持っているらしい。彼らは、街頭デモやその他の政治活動に参加するのが大好きで、本来大学で過ごすべき時間をそれらに費やしている。これでは必然的に、勉学に集中することができず、知識の習得に悪影響を及ぼす。彼らの勉学が成就しなかったならば、彼ら自身にとっても、マレー社会にとっても、有害である。

　デモができなくなったら、政治分野における彼らの知識は少なくなるのだろうか？彼らは、ロボットになるのか？もちろん、そうではない。

　　　　　　　　（大学・カレッジ法、チェデットブログ、2008年）

　もし、我々が、人々のお金を本来の目的とは違うことに使うならば、それは、人々の期待を裏切っていることになる。よって、学生のデモ

行為は、国の問題に関心が高いとはいえ、責任ある行動とは言えないのだ。

　大学生は、このような私の意見を聞くと、いい気がしないだろう。AUKUに対して、ものすごく腹を立てているのは、マレー人学生なのだ。私は、いくら怒られてもかまわない。しかし、私は、状況を悪化させようとして、AUKUを導入したのではない。私は、自民族の能力を向上させることが、何よりも大切だと思っている。私自身はいくら非難されようともかまわないのだ。

　もし、今の大学生がもっと大人で、責任感のある人たちであったならば、AUKUを破棄してもいいのだ。

（大学・カレッジ法、チェデットブログ、2008年）

民族・言語・教育に関する見解

　古代アラブ人は、健剛で、発展しており、宗教のほかにも、数学、天文学、科学、航海術などの重要な知識を身につけていた。アラブ人が探究した知識について学びたい人は、アラビア語を勉強する必要性に迫られた。しかし、現代では、知識を得るための言語は英語である。我々は、後進国になりたくないのであれば、英語を学び、流暢に話せるようになることが必要である。

　同じように、我々が自分たちの生産能力を上げて、収入を増やすには、全従業員が英語を習得していなければならない。完璧ではなくとも、少なくとも英語での業務指示が分かるようになるべきである。他の言語を学ぶためにも、まずは英語を勉強しておかなければならない。なぜなら、ほかの言語を勉強したくても、マレー語による本や語学コースはまだ不十分だからである。

（第46回独立記念日における首相メッセージ、2003年）

　ただ多くの人に好かれたいがために、自民族が時代に取り残され、軽蔑されるのを平気で放っておけるような指導者は、心から自民族を愛するリーダーではないのだ。

　彼らは、自分の地位を維持できるのであれば、自民族を抵当に入れることも厭わないような、ただの日和見主義者なのだ。彼らは、本当の意味での民族主義者ではない。言語は、民族の魂である。しかし、知識こそが、民族の安定と名誉を決定付けるのである。

（英語での理数教育、2008年8月10日）

英語習得の重要性

　私は英語の本をたくさん読んでいるので、そのおかげで、英語で言いたいことを話すことができる。どんなことでも何度も繰り返してやれば、読書も含めて、効率よくできるようになると、私はまだ小さいときから、強く信じていた。

　たくさん本を読むと、脳の働きはより活発になる。あなたがこの先3〜5年間で達成できることは、あなたが今読んでいるものによるのだ。書物に使うお金をけちってはいけない。その価値は、我々が費やしたもの（お金）にあるのではなく、後で得ること（知識）にあるのだ。

（Majalahniaga.com、2015）

　預言者ムハンマドは、「果ての中国にまで知識を求めよ」と説いたそうである。アラブ人は、中国語の読み書きや会話を最初に学ばずして、中国人から知識を得ることができたのか？

（英語での理数教育、2008年8月10日）

　私は恥ずかしい。華人の子は、三つの言語を勉強し、マレーの子どもたちよりも流暢に英語を話している。我々は、英語とマレーシア語の二つの言語しか学ばない。それなのに、マレー人は、もう十分だ、英語ま

で勉強しなくてもよいと言う。

（マレーシア・ウィークリー・インタビュー、2014年9月）

　サイバージャヤでの仕事に、300人の求職者が申し込んだ。彼らは英語で質問されたが、「マレー語で聞いていただけませんか」とお願いしたらしい。その結果、彼らは落とされた。なぜなら、面接者は英語で話したかったのに、彼らは英語が分からなかったからだ。それで、300人のうち、仕事をもらえたのはたった3人しかいなかった。この300人も、英語をしっかり勉強して、読んだり話したりできるようになっていれば、仕事にありつけたのだ。現実問題として、英語は、我々が仕事を得たり、収入を得たりするために必要な言語なのである。

（ミングアン・マレーシアのインタビュー、2014年9月）

PPSMI（小中学校における英語での理数教育）について

　理科と算数は言語学習と直接は関係ないので、PPSMIはマレー語による学習を推奨する人たちにも受け入れられると思われた。しかし、彼らは、PPSMIを廃止して、マレー語による学習をすべきだと主張している。中華系の学校では中国語が、インド系の学校ではタミル語が使用されていることはかまわないらしい。だが、我々は、理科と算数を通して英語を学ぶことはできない。言語は、それ自体が教科になるのだ。

（ペルダナ・リーダーシップ財団での記者会見、2009年7月7日）

　ある民族の言語は、他の民族に学ばれることがある。それは、その民族が非常に発達しており、自ら探究した、高度な知識を持っている場合である。15世紀前には、ヨーロッパ人はどうしてもアラビア語を学ばなければならなかった。それは、当時のイスラム文明が非常に秀逸で、尊敬されていたからである。

　しかし、イスラム教徒が科学や数学、医学などの知識を重んじるのをやめてしまってからは、ヨーロッパ人はアラビア語を勉強しなくなっ

た。今は立場が逆転し、アラブ人とイスラム教徒はヨーロッパの言語を学ぶ必要性に迫られている。

（PPSMI、チェデット、2009年3月13日）

私は、たとえ一分でもいい、もう一度首相になりたいと思っている。それは、PPSMIを再び実施したいからなのだ。

（ペルダナ・リーダーシップ財団フォーラムでのスピーチ、
2013年6月19日）

歴史と教育について

今の国民、特に若い世代は、歴史についてあまり知識がないように思われる。それは、彼らが突然、既に発展した国に生まれてきたからである。

彼らは、この国はずっと前から、既に発展していたかのように思っている。我々は、トゥンク・アブドゥル・ラーマン（「マレーシア独立の父」）や、トゥン・アブドゥル・ラザク（「マレーシア発展の父」）の奮闘を忘れてはならない。彼らは、自分たちが国のために尽くすという強い闘志を燃やして戦った。このような闘志は、もうなくなりつつある。なぜなら、当たり前に感じられるからなのだ…楽な環境に生まれると、苦労を理解することができないのだ。

（カプセル映画上映会、2015年）

若者世代は、独立のための闘争は当たり前のことのように感じている。それは、彼らが、既に独立して、ある程度繁栄した国に生まれたためである。だから、彼らは、ほかのどの国でも同じことが起こるだろうと考えている。しかし、我々の独立とほぼ同じ時期に独立を達成した外国を訪問してみれば、それらの国々がマレーシアのように発展するには至っていないことが分かるであろう。

（KSAH-SAHOCAセンテニアル・ホール起工式、2011年）

国民統合と教育について

　現在、小学校と中学校の段階では、民族間の分離がある。もし、この分離が大学レベルにまで及ぶならば、マレーシアの大人社会は、民族間の対立がより顕著な社会になるであろう。
　（トゥンク・アブドゥル・ラーマン大学（UTAR）の開校、2002年）

　政府は、民族統合学校（ビジョン・スクール）の概念を通して他の民族の同化を図るつもりはない。しかし、少なくとも全ての民族が同じ学校で過ごすことを通して、統合を図ることができる。これが人種問題にされ、強い反対があることは、非常に遺憾である。やり方は極めてシン

プルである。学校は引き続き別々であるが、集会とスポーツは一緒にやろうというものである。

　もし、我々が他民族と触れ合うことがないのなら、彼らと有意義な関係を築くことなどできないのだ。
　　　　　　　（第29回マレーシア民政運動党代表者会議の開催、2000年）

　現在の子供たちは、学校で同じ民族の人とだけ交流していて、流暢に話せるのは母語だけである。このように、我々は、民族に根付いた教育を行ってきたが、これは多民族国家の概念に反している。国民型学校（中国語やタミル語を教授言語とする学校）と国民学校（マレー語を教授言語とする学校）の生徒は、概して英語で話すことに自信がない。彼らが使用する言語は、それぞれの母語だけだからである。
　　　　　　　　　　（マレーシアの教育、チェデット、2014年）

国の教育制度に関するコメント

　私は、現在の我々の教育制度について、あまり良いとは思っていない。私が首相になったときもそうだった。
　　　　　　　　　　（CENBET式典スピーチ、2014年）

　人格は、教育において重要なだけでなく、あらゆることにおいて重要である。さっき私が言ったのは、今の親は子供のための時間がない、子供に何が良くて、何が悪いことなのかを教える時間がないということである。この場合、子供たちは、テレビで言っていることにただ従うだけになってしまう。

　もし、両親が家庭で子供の教育をすることがもうできないのであれば、学校がその役目を果たさなければならない。崇高な人生観を持った個人を育成するための課程が用意されなければならない。こういった、崇高な人生観を育む教育は重要である。我々が良い教育を施さないので

あれば、我々の子供たちはみんな、だらしのない遊び人になって、麻薬を吸うようになるかもしれない。もし、そうなったら、我々の民族は、一体どうなるのか、考えてみてほしい。

(人材開発財団ワークショップ、2015年9月30日)

　富裕層は英語を話し、そうでない人たちは、マレー語、中国語、タミル語を話している。就職の機会は、英語が堪能な人により多く与えられている。

　驚いたことに、マレー語推進派は、理科と算数における英語使用には反対したのに、就職機会の不均衡に関しては黙り込んでいる。しかも、マレー語推進派は、中華系の学校では引き続き中国語を使用することを支持している。マレーの両親も、子供たちを中華系の学校に行かせることを好む。サラワクの原住民も同様である。

　貧しい両親は、現在の教育の質が悪くてもそれを受け入れざるを得ず、マレー語推進派の政治家は、支持を伸ばしているようだ。

(マレーシアの教育、チェデット、2014年)

マット・ロディ
理想と現実の狭間で

マット・ロディ記（2016年5月22日）

　教育は、独特な問題を抱えているが、これにより、我々は、マハティールの指導者としての素質について知ることができる。

　指導者（特に政治家）は、必ずや独自の理想を持っている。何かを達成するために、自分の理想のいくつかを犠牲にすることは、一部の指導者にとっては、非常に受け入れがたいことである。

　これはおそらく、より過酷な戦いの中で既に「迷い」が生じたと見なされ、不評になることを、彼らが恐れているからかもしれない。

　しかし、マハティールは異なる。彼は、自分が望んだことを達成するためには、いくつかの理想を犠牲にすることは仕方がないと考えていた。彼にとっては、結果が全てである。自分が批判されたり、反対されたり、嫌われたりすることは、何とも思わない。成果が出たとき、人々は黙りこくるであろう。

　これらを証明している教育問題がいくつかある。

　まず、学校における民族統合の問題である。理想的には、マハティールは、マレーシアに一種類の学校だけを望んでいるのかもしれない。しかし、マレーシアの全ての民族が自分たちのアイデンティティを保持することを望んでいるため、これをすると状況が悪化するだけであると、彼はちゃんと分かっている。よって、国民型学校が、民族アイデンティティの一つとなって存在している。

　彼は元医師として、重要なのは学校の種類が1つか、2つか、3つかということではないと承知している。生徒間の交流が、最優先事項なの

である。彼らが相互理解を深め、将来の潜在的な対立を回避するために
は、小さいときから、交流の機会を持つ必要があるのだ。

　そこで彼は、民族統合学校（ビジョン・スクール）を設立することを
提案した。それは、全ての学校（民族学校と民族型学校）が、施設やイ
ンフラを共有するというものである。そうすれば、各学校のあらゆる民
族の生徒たちが、食堂や校庭、ホールなどの施設を利用する際に、自然
に交流したり、おしゃべりしたりできると考えた。

　これは、理想と現実の間をとった、一つの解決策ではないだろうか？

　二つ目の問題は、小中学校における理数科目を英語で教える政策
（PPSMI）についてである。

　理想的には、マハティールはもちろん、教育制度の中ではマレー語が
教授言語として用いられるべきであると考えている。

　彼は、英語を教授言語とした学校には強く反対している。彼にとっ
て、それは、植民地制度であり、エリート学校のイメージをもたらすか
らだ。

　しかしながら、彼は、学生の英語能力が著しく低下している一方、現
代技術の開発と進展は、英語を媒体として行われていることに気付いて
いた。もし、翻訳者に頼るならば、それは長い時間を要するであろう。
マレーシアにいる翻訳者の数も限られているため、翻訳の準備が整った
時点で、知識は既に古くなっている可能性もある。

　したがって、実用主義者として、彼は、必要とされているのは二つの
科目、すなわち、理科と算数の授業を英語で行うことだと考えた。だか
ら、PPSMIの政策が提案されたのである。

　しかしながら、実際は、これら二つの解決策、すなわち、民族統合学
校とPPSMIは、猛反対を受けた。

　いずれにせよ、我々は、独自の解決策を提示してくれたマハティールに感謝すべきである。ほかの国には、民族統合学校の概念も、理数科目を母語以外の言語で教えるといった発想もないのだ。

　民族統合学校とPPSMIの構想は、現政府によって廃止となった。しかし、それは、マハティールの指導者としての資質を否定するものでは決してないのだ。

8 メディア

はじめに

メディアとマハティールは、紐解かれるべき、興味深い主題である。

マハティールは、メディア関係者にとっては絶好の「ニュース題材」である。しかしながら、時に、メディア（またはメディアの所有者）に対する彼の見解は、それほど望ましくないことがある。彼は、政治家の中でも、複雑なことをとても分かりやすく説明することに長けていたので、彼の発言は、メディアが報道番組を作る際にも役立っている。

彼の皮肉に満ちた回答を、メディアはいつも楽しみにしていた。というのは、それは後から売りに出せる格好の題材となるからである。

　マハティールは、メディアは絶対的自由を持つべきではないと、率直に主張している。まして、マレーシアのように、扱いに留意しなければならない事柄があまりにも多い国では、なおさらである。

　マハティールは、「自己検閲」をあまり信用していない。それは、政府の信頼性を下げる機会をメディアに与えているに等しいからである。したがって、政府は、国民から選ばれた党として、それが過度でない限り、メディアを規制する権利を有すると、彼は考えている。

　マハティールは、はっきりとした物言いをするために、しばしばメディアから批判されてきた。マレーシアまたはマハティールに関する外国メディアによる全てのニュースや記事には、マハティールは「独裁者」または「メディアの敵」として報じられていた。

　マハティールはまた、彼にとっては偽善的に見える外国メディアを頻繁に批判してきた。なぜなら、外国メディアは、自国で物議を醸しそうな問題については報道していないからである。イスラエルの残虐と世界権力に関する問題について外国メディアが沈黙していることから、外国

メディアはメディア規制問題において、自国のよりも一層質が悪いことをマハティールは確信したのである。

メディアと自由について

自由なメディア、それは、政府を批判することができる。それは、いいことだ。しかし、その自由はまた、政府による権力の濫用のように、悪用される可能性もある。

（東ティモール、2003年）

マレーシアは、報道の自由を信じる。しかし、その自由は、ほかの権利と同様に、義務と同時に用いられるものでなければならない。

我々は、マレーシアのメディアが引き続き責務を全うすることを期待する。同時に、我々は、その責務がきちんと全うされるように、政府が果たすべき役割も重視している。

国際ニュースに対して、我々は、メディアが自分たちのしている破壊行為に気付いてくれるよう、祈ることしかできない。

（第48回国連総会スピーチ、1993年）

メディアを通じた言論の自由は、他者の心を傷つける自由を意味するのではない。

（マレーシア・ソーシャルメディア・ウィーク（MSMW）、2015年）

私は、自由がどれほど神聖なものであるかについてはさほど気に留めないが、マレーシア政府がインターネットにフィルタリングをかける時がついに来たのではないかと思う。

（検閲、チェデット、2014年）

国家形成におけるメディアの役割について

　我々の国で良くない報告や出来事があった場合、それらは誇張して、報道されている。それゆえに、我々は、劣等感を抱いている。自分たちの国はとても悪くて、外国はとても良いように思ってしまう。

　実際は、外国は、我々よりも更にひどいことが多い。しかし、我々は自国を蔑んでいるので、自分たちが読んだ報告書に騙されたり、欺かれたりしてしまう。そして、自分たちが悪く、間違っているかのように感じてしまう。

（作り手としてのニュース、1998年）

メディアと政府の役割

　政府は変更される可能性がある。しかし、我々は、メディアを扱う役員を選ぶために選挙を行うことはできない。一体だれが、新聞所有者や校正者、編集者や記者を選ぶのか？我々が編集者を選べる選挙はあるのか？

　政府がメディアを統制するならば、少なくとも、民主主義の政府においては、メディアは国民から選ばれた人が扱うようにすべきであろう。

（国際フォーラム、PWTC、2010年）

代替メディアに関するコメント

　代替メディアは現在、ものを切るのに必要なナイフのように便利なものである。一方、誤って用いられ、人生をより困難にする可能性もある。インターネットと通信システムを悪用しようとする者は、常に存在する。彼らは、良いものを社会に広めるのではなく、悪いものだけを広

めようとするのだ。

（マレーシア・ソーシャルメディア・ウィーク（MSMW）、2015年）

　私は、妨害を受け、話すことが許されなかった。私の演説も、ニュースで報道されることが許されなかった。私は、ブロガーにならざるを得なかった。なぜなら、私は、主流メディアに相手にしてもらえなかったからである。

（騎士道精神注入プログラム、2008年）

外国メディアに対する批判

　西欧のメディアはいつも私のことを、マレーシアを警察国家にするための独裁者だと暗に言っている。おそらく私は、独裁者である以前に、選挙で一つ一つのことに対立を強いられるワンマン政治家であろう。

（コモンウェルス・プレス連合会議、1998年）

　私が首相になったとき、私はいつも西欧諸国、特にメディアに批判された。外国メディアは、私がメディアを規制していると言っていた。私は引退後、彼らの国の行政について書かれたものをたくさん読んだ。彼らがジャーナリストやメディアに課している制限は、マレーシアで行われているものよりもずっと厳しいものなのだ。

　イギリス人ジャーナリスト、デイヴィッド・アーヴィングが、ナチスによって殺されたユダヤ人の数を600万人以下であると書いた。そのために、彼は、オーストリアを訪れた際に、「反ユダヤ主義」の申し立てで逮捕、起訴され、投獄された。これが、ヨーロッパにおけるフィルタリングと統制の概念である。

　明らかに、西欧諸国のメディアや報道機関は、言論の自由について語る権利を持っていない。西欧メディアこそが、メディア規制においては、世界最悪なのである。

（西欧は世界最悪の検閲である、アストロ・アワニ、2014年）

　マレーシアに関する外国メディアの報道記事を読むと、マレーシアの
メディアが規制されているという印象操作をしていることが分かる。話
題がメディア規制とは関係がない場合も、同様である。

（ペルダナ談話シリーズ6、2007年）

メディア公開批判

　世界は、ジャーナリストではなく政治家によって支配されているせい
で、非常に悪い状態にある。私は、イギリスの専門誌である、エコノミ
スト誌を読んだ後に、こう結論付けるに至った。その専門誌の書き手た
ちは、今日の世界崩壊の原因についてまるで全てを知っているかのよう
であり、彼らはまた、それらを修繕する方法を心得ているかのようであ
る。

　政治家は、西欧のジャーナリストに道を譲るべきである。エコノミス
ト誌や西欧のメディアにおける彼らの英知を重んじ、ジャーナリストに
支配権を与えるならば、世界が安眠を得られるのは明らかである。な
ぜ、我々は、今までこういったことを考えなかったのか？

（政治家対ジャーナリスト、チェデット、2013年）

マット・ロディ
メディアとマハティール

マット・ロディ記（2016年5月23日）

　マハティールが引退して10年が過ぎた後でも、なぜ、メディアはまだ彼を追い続けるのだろうか？

　引退して、もう権力を持っていない人が、なぜ、ニューズの題材としての価値を帯び続け、「売れる」のだろうか？

　ちょっと比較してみよう。トニー・ブレアやジョージ・W・ブッシュ、ジャック・シラクやジョン・ハワードは、引退後もまだ、彼らの国のニューズによく出ているのだろうか？

　メディアがそんなにもマハティールを「好き」に、あるいはその逆になる理由は何であろうか？

　それは、メディアとマハティールが、お互いを必要としているからである。時には、互いに批判的であるという事実にもかかわらずである。

　マハティールのいないメディアを想像してみてほしい。（少なくとも、マレーシアにおける様子を。）

　扇情的なニュース題材はない。（これは、しばしば物議を醸しているが。）興味深いフレーズはない。（これは、しばしば辛辣で、屈辱的であるが。）新しいアイディアはない。（ほかの政治家が提案することはめったにない。）

　マハティールのいないメディアは、百科事典みたいだろう？情報満載だが、めったに読まれることがないようなもの。あるいは、塩抜き料理みたいだろう？食べることはできるが、おいしさは劣るようなもの。

マハティールは、その、ちょっと足りない部分を満たしてくれる。

マハティールによるメディア「規制」についてはどうなのか？また、メディアに対する批判的見解については？

よく知られているように、マハティールは、結果を重視する人であり、その結果を得るのに効果的であると思われる情報は何でも開示する。メディア規制の問題に関しては、政府がある一定の規制体制をとることが重要であると考えている。それは、公の秩序の維持、大衆の過剰反応の抑制、国家安全保障などの観点から、政府がメディアを管理するためである。

彼は、一人の指導者として、大事に至ると困る出来事をそのまま放置するような危険を冒すことはできない。出来事が手に負えなくなるのを見るよりは、多少の規制があったほうがいいであろう。

マハティールとメディアは、公正な関係を保ってきた。政府や指導者、あるいは、マハティール自身の不正を報告したために、閉鎖されたメディアはない。あるイギリスの有力紙は、かつて、人種差別につながる論争をしたために、出版許可を取り下げられたことがある。

これらにより、マハティールは、メディア実践者にではなく、メディア所有者に規制を課すことにした。

そうでなければ、一体何人のジャーナリストや物書き、記者が、彼に召喚されていただろうか？

マハティールはまた、メディアがどのように機能し動くのかをよく理解している人でもある。彼は、ある物事を売れるようにするのは何なのか、また、どうやってそれを行うのかについてもよく知っている。

仮に、ある問題が政府や自分自身に関わるものであるならば、彼は即座に当事者に返答をする。これには高いレベルの規律が必要である。な

ぜなら、メディアは常に「締め切り」に追われて運営しているからである。

　彼がする回答は、正確で、しっかりしていて、耳が痛いものである。いい加減な回答や、「あいまいな」回答がなされることはない。彼のブログにおける投稿記事を見てほしい。それらは、箇条書きで書かれていて、文章は明快であり、重要なことが簡潔に述べられている。

　（マハティールによる）チェデットのブログ人気は、この人物が、「メディア通」であるだけでなく、「メディア王」であることも示しているのだ。

9 国際社会

はじめに

　マハティールは世界から、はっきりと物申す人物の一人として見られている。

　発展途上国は、彼が主要国の前で演説する際に、実に堂々とした態度をしているのを見て、非常に感銘を受けている。マハティールが「第三世界の英雄」と見なされているのは、驚くべきことではない。

イスラエル・シオニスト政権とパレスチナとの間におけるに待ったなしの動乱は、この元マレーシア首相の心に非常に迫り来るものであった。シオニスト政権の不正行為について問題提起するために、普段書いたり、話したりするだけでなく、特別法廷でスピーチをしたこともある。彼は、頑固で、しつこかったために、「反ユダヤ主義」と称されるようになった。しかし、それがマハティールの発言を止めることはなかった。彼は、言うべきことを話した。

マハティールは引退後、ペルダナ・リーダーシップ財団（PLF）を通して、戦争の罪を問うキャンペーンを起こした。彼は、戦争は殺人であり、殺人は重大な犯罪の一つであると主張している。彼はまた、後進国に課されることが多い経済制裁についても、非人道的行為であると意見を述べている。

戦争の罪を問う試みは、成就するまでに長い時間がかかるであろう。しかし、マハティールは、既に最初の一歩を踏み出している。つまり、その方向に既に努力を払ったのである。

マレーシアの行動をいつも批判するアメリカに対する回答

アメリカは、このマレーシアの愚かさに、寛容でなければならない。どうして、我々がしたいようにさせてくれないのか。我々は、たとえそれが間違っていたとしても、自分でやってみたいのだ。もし、あなたが「私にはあなたを阻止する力があるから、あなたを阻止する」と言うのであれば、自由と独立について話すことは無意味なのだ。

（エコノミスト、1994年）

大国を含む世界のどの国も、他の主権国の指導者を操作することも、民主主義をもたらすという理由で特定の国を攻撃することもできない。

（国際フォーラム：戦争の鎮圧と平和の創出、2015年）

国際コミュニティについて

　世界は道を見失っている。世界の変化はあまりにも速い。我々は、物事を見直すために一度立ち止まる必要がある。マレーの言葉に、「道に迷ったときは、もと来た道に戻るべきだ」というものがある。我々は、原点に立ち戻らなければならない。今日直面している多くの問題を解決するために、原点に立ち戻ったならば、分かるであろう。ヨーロッパがユダヤ人問題を解決するためにイスラエルを建国して、パレスチナ人の土地を恣意的に奪取していることが、問題の根源なのだ。

　非力な国連機関が強力な国家組織に取って代わられたことで、今や小国は無防備で、不運な状態にある。たとえ我々が完全に無罪であっても、我々に対してなされるでっち上げの容疑を防ぐ手立ては何もない。

　我々は、国連が誠実と信頼を回復することが非常に重要だと感じている。幸いなことに、国際規範の違反は、言論の自由や他人の権利に寛容であると評判の国々によるものである。

　批判が禁じられると、残虐行為がどこまでも増加する。そして、反発が起こり、付随するもの全てを破壊する。これが、サダム・フセインのとき、全国規模で起こったことだ。それはまた、国際規模でも起こり得ることだ。言論の自由は安全弁を提供し、その欠如は、結局、爆発を招くに違いないのだ。

（国連総会、2003年9月25日）

パレスチナ人に対するイスラエルの残虐行為への非難

　我々イスラム教徒は、本当は非常に強い。13億人を簡単に一掃することはできない。ヨーロッパ人は、1,200万人のうち600万人のユダヤ人を殺した。しかし、今日、ユダヤ人が代わりにこの世界を支配するよ

うになった。彼らは他人に戦わせ、自分たちのために命を落とさせるのである。

（OICイスラムサミット、2003年）

我々は、約2,000年前にユダヤ人たちが抑圧されていたことを覚えておく必要がある。ユダヤ人はイエスを十字架にかけた裏切り者と見なされ、毎年、ヨーロッパのキリスト教徒に殺されていた。スペイン異端審問の間にも、多くのユダヤ人が殺された。

民主主義と人権について問題提起されてはじめて、ユダヤ人を虐待していた人々は罪悪感を感じ始めた。ヒトラーは、古い考え方から抜け切れず、ヨーロッパおける全問題の元凶がユダヤ人であるとして、彼らを非難した。そして、解決策として全てのユダヤ人を殺そうとした。

ヨーロッパ人は、かつてのユダヤ人虐待問題に対する解決策として、パレスチナをイスラエルとすることに同意した。尊厳を取り戻すため、彼らはそれ以上、ユダヤ人を責め立てなくなった。

現代のイスラム教徒がユダヤ人を嫌っているのは、ヨーロッパ人がイスラム教徒の国を奪い、それをイスラエルに与えたせいである。人々は目前に存在する問題を見ているだけだが、これが問題の根源なのだ。

（ウトゥサン・マレーシアのインタビュー、2005年）

イスラエルがしたことは全て、国際法、道徳、人権に反するものである。彼らは、文明世界のあらゆる法に背いている犯罪者である。しかし、イスラエルのユダヤ人は、恣意的にこれら全てを行っている。彼らの背後には、アメリカとヨーロッパがついている。彼らは、自分たちが神によって選ばれた者たちであり、いかなる法律や倫理規範、人道的価値にも束縛されないと思い込んでいる。

ユダヤ人がドイツのナチスによって虐殺されたとき、彼らは世界に同情と支持を懇願した。しかし、彼らは、その苦しみから何も学んでいな

いようだ。彼らが苦しみの意味をより深く理解するには至っていない。彼らはむしろ、今やナチスよりもひどくなっており、他者の苦痛や自分たちが引き起こした死を完全に無視している。本来は、ユダヤ人は、過去に自分たちが受けた残虐行為に関して、ドイツ人や他のヨーロッパに報復すべきなのだ。しかし、彼らは賢すぎる。アラブ人を殺す方が、簡単で、楽しいのだ。

(ユダヤ人、チェデットブログ、2014年)

戦争を犯罪と認定する社会運動

我々は、戦争は犯罪であると認定するキャンペーンをしなければならない。そして、将軍、首相、または、国防大臣のような、戦争を計画した人たちを罰するようにすべきである。だが、すぐに実現できるわけではない。よって、我々は、辛抱強くあらねばならない。奴隷制が廃止されるまでに約200年かかったように、長い時間を要するであろう。それでも、この戦争撲滅運動がいつか実ることを、私は心から願っている。

今、我々は、戦争との闘いの第一歩を踏み出したのだ。これを達成するまでに、10年、100年、あるいは200年の歳月がかかるかもしれないが。

(第4回マハティール・グローバル・ピース・スクール（MGPS）の
一般講演、2015年)

我々は、自分たちが今安全だからといって、戦争の有無は自分たちには関係ないと思ってはいけない。心ある人間として、我々は、戦争の犠牲者に同情する必要がある。そして、国家間問題の解決策としての戦争をなくすように努力しなければならない。我々は、戦争を犯罪として認定しなければならない。

(広島、チェデットブログ、2009年)

覚えておいてほしい。戦争をしているのは、我々のようなごく普通の人間である。彼らが嫌いだと思い込まされているのは、本当はよく知ら

ない人たちで、自分に何の害も及ぼさない人たちである。彼らは、文明化した政府から、人を殺害するための訓練を受けている。おそらく、自分自身を守るために戦争をすることもあるかもしれない。しかし、もし、我々が戦争を犯罪として認めれば、戦争は減少し、防衛の必要性も少なくなるのだ。

（戦争を犯罪として認定する財団の立ち上げ、2008年）

戦争に対する見方を変える

　戦争における殺害は合法的行為であり、容認されるものだと、人間は思い込んでいる。それは、まるで高貴なもののように見なされ、殺害者が勲章を与えられたり、次世代から尊敬されるように公園に彫像が設置されたりする。我々の精神は、戦争を奨励するように設定されているのだ。よって、我々に平和の塔はないのである。

　これらの見方が変わらない限り、平和は訪れないのである。戦争をどの側面から見たとしても、それは、多くの人民を殺害する犯罪に変わりはないのだ。

（国際フォーラム：戦争の鎮圧・平和の創出、2015年）

戦争におけるメディアの役割

　平和の探求の第一歩は、人々に戦争についての真実を知らせることである。メディアが戦争を扇動する者に所有され、支配されていることを我々は知っている。メディアの大多数は、戦争を支持し、戦争をするための理由を探し、戦争へと向かわせるために嘘をつくだろう。

(戦争犯罪会議、2007年)

経済制裁に関する見解

　経済制裁による影響は、戦争と同じである。制裁は、強い国家から弱い国家に対して課されるものである。例えば、小国は中国に対して制裁を課すことができないので、もし、中国が何か悪いことをしたとしても、中国は平気であるが、反対の場合、弱小国は制裁の対象となる。

　これは、いじめ行為そのものである。私は、制裁を新しいやり方の戦争だと見なしている。なぜなら、国は、食料や医薬品がないと苦しむからである。

(マレーシアとキューバの二国間友好40周年、2015年)

　私は、この世界が戦争から解放されるのを見ることはできないだろう。しかし、これを言い訳にして、何の努力もしないのは良くないと思う。次世代の平和のために、戦争のない世界を築いていきたい。

(戦争犯罪会議と戦争犯罪裁判、2009年)

マット・ロディ

第三世界の英雄は一流だ

マット・ロディ記（2016年5月23日）

　マハティールの立ち位置に関して、国際レベルではっきりしていることは、彼は勇敢で、信頼が厚いということである。

　先進国はよく、マハティールの毒舌を攻撃の「ターゲット」としたがってはいるものの、彼らはいつも、マレーシア元首相の「彫像」にいつも敬意を払っている。これは、彼の発言がいつも一貫しているからである。

　もちろん、先進国を批判する彼の行動は、逆説的だと言える。マハティールは、アメリカの行為をめちゃくちゃに批判していたが、そのとき、アメリカは、マレーシアの最大貿易相手国の一つだった。

　マハティールが英国のマーガレット・サッチャー首相にやり返したときも、同じような状況にあった。英国が教育費を引き上げた問題に対抗して、マレーシア政府は「英国製品不買運動」を導入したのである。それが起こったとき、英国の会社はまだマレーシアで重要な位置を占めていたし、英国への依存度もまだ高かったのだ。

　しかし、マレーシアの立場が弱かったからといって、マハティールが自分の意見を言うのをやめたり、それらの国々からの嫌がらせを恐れたりすることはなかった。だからこそ、彼は、敵からも味方からも賞賛されたのだ。中東やアフリカの発展途上国は、マハティールを第三世界の英雄として讃えている。

　この第三世界の英雄は、とにかく一流である。彼がいつも常識にとらわれない解決策を提案することから、よく分かる。

　好例は、国際貿易問題に見ることができる。マハティールは、世界の主要経済大国の覇権に対抗するため、東アジア経済協議体（EAEC）と呼ばれる、アセアン地域諸国間の経済圏の確立を提案した。ただし、これは、先進国から極度の圧力を受けて、実現には至らなかった。

　また、地域経済危機を引き起こす為替操作に対抗するため、マハティールは型破りな解決策をいくつも提案してきた。そして、過剰利益を可能とする資本主義概念がきちんと規制されるよう提案し、先進国に検討を促した。いつものように、彼の提案は完全に拒否された。しかし後に、その解決策が正しいことが証明されたのだ。

　マハティールは解決策を探すのが得意なリーダーであり、その解決策はたいてい常識破りなものであることを、これらの例は示している。彼は、第三世界の英雄であり、一流なのである。

　世界の問題に対して解決策を出すことができるリーダーは、世界に一体どのくらいいるだろうか？世界がより困難な危機の真っただ中にある場合は、なおさらである。

10 民主主義

はじめに

　民主主義とマハティールは、水と油のようなものである。これは、少なくとも、アナリストや評論家がよく言っていることである。批評家は、彼の22年間の政権下におけるマレーシアは、それほど民主的ではなかったと言う。

　しかし、批評家は、民主主義それ自体も弱点も持っているシステムであることを理解していないか、あるいは、おそらく理解することを拒否していると思われる。

　マハティールは、いつも国民に言い聞かせてきた。マレーシア国民がそれほど民主的ではないと言われたとしても、罪悪感を感じる必要はないのだと。重要なのは、民主主義体制がマレーシアにもたらした結果である。もし、民主主義が国家に安定、繁栄、発展をもたらすことに失敗したならば、それは指導者や国民にとって何の意味もなさない。更に悪いのは、国の安全と安定のためだと言いながら、民主主義がある一部の者たちの利益のために利用される場合である。

　マハティールはまた、民主主義の概念を理解することに対し、新たな視点をもたらした。民主主義には責任が伴い、全ての当事者がその責任を受け入れられる場合にのみ、民主主義は正常に機能すると、彼はいつも言っていた。民主主義プロセスにおける最大の責任の一つは、全ての当事者が敗北を受け入れる覚悟を持っていることである。これに失敗すると、いくつかの発展途上国がまさに示しているように、紛争や内戦を引き起こすのである。

　マハティールのことを非民主主義的、または独裁者だと言いたくて仕方がない人たちは、その主張を是とするために、常に1001もの例を探し出すことに余念がない。しかし結局、独裁者と言われていた人が、自分の政権が最高潮であるうちに、自ら引退を申し出たのである。これほど民主的な独裁者が、一体何人いるのだろうか？

民主主義の概念について

民主主義にはいくつかの弱点があるが、それでも最高の政府を形成するためのシステムの一つであることに変わりはない。

(インターナショナル・ヘラルド・トリビューン、2000年3月)

民主主義の概念を売り込む人たちは、民主主義が円滑に実現するように、「アフターサービス」の準備をしておかなければならない。

(コモンウェルス・サミット・トーク、1993年)

マラヤ独立初期の民主主義

民主主義との関連におけるマレー人の成熟は、1955年の連邦立法評議会の議員選挙に反映されている。

有権者の80％がマレー人で、非マレー人が過半数を超えていたのはごく限られた小さな地域のみだったが、マレー人有権者は、マレー人以外の候補者にも自主的に投票していた。マレー人が自分たちの機会を犠牲にしながらも、非マレー人と協力しようとする姿を、イギリス人はちゃんと見ていた。

これにより、1957年にマラヤ連邦は独立を果たすことができたのである。

(民主主義、チェデット、2008年)

国の民主主義の歴史

マレーの王(Raja)たちがシンガポール、ペナン、パンコールを植民地主義者に引き渡し、その後、マレー諸国も引き渡すことは、非常に

簡単であった。そのため、国民は、王だけが権限を与えられ、国民は自国の政治において何の役割も与えられないという制度を、もはや受け入れることができなくなった。

　しかも、第二次世界大戦後、国王が全権を握る制度は、世界中で下火になっていた。世界の至るところで、君主制は廃止された。それが保持されているところにおいても、王の権限は憲法または国家の基本法によって制限された。それゆえに、マラヤ連邦が独立を要求したとき、国民の指導者たちは既に、政府システムを研究していた。その際、マレーの州の歴史と他の政府システムを考慮に入れることを忘れなかった。そして、議会制民主主義と立憲君主制の制度が誕生したのである。

（憲法改正法案の提出、1993年）

　我々は、マレーシアで民主主義を選択した。なぜなら、我々は、自分たちがどのように統治されるべきかについてよく分かっていると判断したからである。政府を意味する「Kerajaan（raja＝王）」という言葉を見れば、それが封建的な社会から来ていることは明らかである。この言葉は、王による統治を示している。

　マレーシアは引き続き君主制を維持しているが、王はもはや、支配することも絶対的な力を持つこともなくなった。統治機関である内閣は、国民から選ばれた代表で構成されているため、我々が民主主義を実践しているのは明らかである。王は、国家元首に任命された。立憲君主制から採り入れたこのやり方は、国民の権利を否定することなく、王の存在を維持しているのだ。
（クアラルンプールのプトラ世界貿易センター、ムルデカ・ホールにおける
第50回UMNO年次大会でのスピーチ、1996年5月11日）

民主主義思想を過信する人たちへの反論

　ここで私は、イデオロギーはイデオロギーのためではなく、民主主義は民主主義のためではないことを強調したい。イデオロギーと民主主義は、それを支持する人のためにある。イデオロギーが「宗教」と見なされ、その結果を考慮することなく実践されたならば、イデオロギーは不利益をもたらすであろう。なぜなら、イデオロギーは人間が創造したものであり、「完全」ではなく、欠点もたくさんあるからである。

　どの分野においても、狂信的な態度は、決して良い結果をもたらさない。民主主義に対する狂信も同様である。民主主義であるからといって、国の破壊や民衆の苦しみを放っておくというのは、非常に愚かである。民主主義は社会の幸福のためにあるのであり、民主主義のために社会が利用されるのではないのである。
（第22回マレーシア民政運動党総会開会式、1993年）

　民主主義は、社会生活の問題を解決するために、人間が創造したものである。民主主義を過信して、民主主義によって正当化されることを全て実施しなければならないなどと思ってはいけない。極端な民主主義がもたらした不幸な例は、既にたくさんあるのである。

　民主主義と言われるもの全てを実践しようと試みたために、統治や発展に失敗している国も、既にたくさんある。西欧諸国における重大な道徳的崩壊は、民主主義によるものなのだ。

　民主主義は我々の利益のためにあるのであり、民主主義の利益のために我々が犠牲になるのではない。彼らのイデオロギーに夢中になり過ぎて、結果を考慮に入れることを忘れないでほしい。民主主義は良いものであるが、結果はもっと重要である。我々が民主主義を実践するのは、それによる恩恵を受けるためである。我々は、民主主義、特に西洋のリベラルな民主主義にこだわり過ぎて、自分自身や自分たちの恩恵を犠牲にすることがあってはならないのだ。

（クアラルンプールのPWTCにおけるUMNO総会、

2000年5月11日）

　我々は、政府関係者の一部が政権を悪用していることを認める。しかし、我々の批判者たちは、自分たちもまた、政権を濫用し、先住民族の土地を奪取して、彼らを絶滅させたことを覚えておかなければならない。彼らは、文明をもたらすとして、「明白な運命」と「白人の重荷」を唱導し、それらの土地に自分たちの国をつくったのだ。先住民族は不毛の地に追いやられ、新しい国の行政に関わることはできなかった。

（国連総会、2003年9月25日）

マレーシアにおける民主主義批判への回答

　民主主義の解釈は、国によって異なっている。独裁的な制度を採用しておきながら、自分たちを民主的国家と呼んでいる国もある。民主主義の度が過ぎて、少数派の自由を重視するあまり、多数派の権利が脅かされている国もある。実際には、世界に欠陥のない「理想的な」民主主義などないのである。東においても西においても、先進国においても発展途上国においても、民主主義はいつでも不完全なのである。

　我々の民主的システムが他国が実践しているシステムとは異なるからといって、我々マレーシア人が屈辱や罪悪感を感じる必要はない。我々のシステムは、我々の国の状況に応じたものである。大切なのは、この制度により、国民は政府を選択でき、政府は独裁政治を行う権限を与えられないということである。

（マレーシア国会25周年記念開会式、1985年）

　もし、我々が本当に民主主義を信じるならば、大多数の人が自分たちの候補者ではなく、ほかの人を選んだ場合、結果を素直に認める必要がある。我々は、次の選挙が来るまで、規則に従い、落ち着いて待つ必要がある。もし、あなたがデモを起こして、政府を倒すことに成功したならば、ほかの人たちも同じことをするに違いないのだ。

（UMNO国際フォーラム、2013年）

民主主義が機能する必要性

　独裁政権も国民に利益をもたらすことができる。マレーシアは22年間、一人の独裁者によって統治されてきたと言われている。しかし、少なくとも我々は、日に日に進歩している。中国は民主主義ではないが、その政府のシステムは、国民に多くの利益をもたらしている。

（国際フォーラム、PWTC、2010年）

　なぜ、民主主義は、我々が期待するような、より良い生活をもたらしてくれないのか？それは、多くの人が自分自身をきちんと管理できていないからである。人民は多過ぎるし、いかなることにも意見を一致させることができない。実際は、「人民の人民による人民のための政治」は、政府が十分に機能しない無法状態を生み出すだけである。言い換えると、それはアナーキー（無政府状態）と呼ばれるものなのである。

（サント・トマス大学でのスピーチ、2012年）

写真出所 : thekl-chronicle.blogspot.my

民主主義は責任を伴う

民主主義の本質は、勝利を達成することではなく、敗北を受け入れることにあるのだ。

(UMNO国際フォーラム、2013年)

多くの人が民主主義の自由についてばかり考えて、それに伴う責任をよく理解していない場合、民主主義が期待どおりの恩恵をもたらすことはないであろう。それどころか、それは不安定を生み出し、その不安定は発展を妨げるだろう。人々は、民主主義に期待されているような権利と自由を享受できないのである。

(サント・トマス大学でのスピーチ、2012年)

一般的に、イスラム教国は、マレーシアの民主主義が成功したと考えており、どうやって民主主義の実践に成功したのかを知りたがっている。有権者は選挙で投票するとき、成熟していなければならない。リーダーを選ぶとき、属性、人種、民族、性別が同じだからといって選ぶのではなく、その人に備わっている特質をよく見て、選ばなければならない。選挙で選ばれた指導者もまた、国の行政を担う際に、選挙のときに交わした約束をしっかりと守らなければならない。

マレーシアの民主主義は、選挙結果を通して政府を選ぶ権利を強調している。負けた場合は、選挙結果を受け入れる。勝ったら、行政を担う。民主主義では、我々は、いつでも勝つことはできない。時には勝つ、時には負ける。我々は敗北を受け入れ、次の選挙で再び挑戦するのを待たなければならない。

(クアラルンプール・サミット国際会議、2015年)

優れた民主主義概念に対するコメント

　優れた民主主義は、反対派が十分に強くて、国民に選択肢を与え、政権を取って代われるような、二党制である。反対派の力が弱い場合は、政府の権力乱用を阻止する力が十分に働かない。良い統治のためには、反対派は強く、代替案を提示できなければならない。いかなる政党も、永遠に統治してはならない。

（クアラルンプール・サミット、2015年）

　民主主義は、死んでしまった。死んだのは、選挙で選ばれた指導者たちが保身のために、政府機関を悪用することを選択したからである。

（民主主義、チェデット、2015年）

民主主義とマレーシア国民

　民主的システムとは、結局のところ、国民が権力を持っていることを意味している。国民が、この国の運命と方向を決定付けるのである。しかし、言うまでもなく、3,000万人の国民が、いつも議論したり、口論したりしているわけにはいかない。

　だから、我々は、リーダーを選ぶのである。選ばれたリーダーは、国民の声を聞き、みんなにとって良いことをしなければならない。リーダーは時々、人々に選ばれたことを忘れてしまう。国民が、リーダーに責務と権力を与えたのである。

　リーダーは時に、自分自身の利益のために権力を使おうと思い立ってしまう。そのとき、彼らはもはや国民の代表ではない。

　残念ながら、そして、驚くべきことに、指導者の権力乱用に対して、国民は何も言わなかった。もし、あなたが国に対して責任を負っている

と自覚しているならば、何かをしなければならない。自分の意見を述べるべきである。それをするために、我々には新聞やメディアがあるのである。しかし、それらは時々、ブロックされたり、フィルタリングをかけられたりする。その場合は、別の方法を見つける必要がある。例えば、ソーシャルメディアである。それもできない場合は、請願をすることができる。

あなたには、ほんの少しの勇気が必要である。たくさんでなくてもいい。しかし、ほかの国では、状況が異なる。彼らは、自分たちのリーダーが気に入らないとき、撃ち殺し、侮辱する…。そして、そのリーダーにいろんなことをするのだ。

しかし、マレーシア人は、優しい人たちだ。我々は、混乱や問題が起こるのを好まない。しかし、あなたが変化を望み、自分の声を聞いてもらいたいと思うならば、あなたは何かをする必要がある。少なくとも、意見を表明すべきである。
　　（マハティール語録　若者よ、元気かい？　出版記念会、2016年)

マット・ロディ
皮肉的な民主主義破壊者

マット・ロディ記（2015年8月11日）

　元首相の一人が、マレーシアの民主主義は既に死んでしまったと言ったとき、多くの人が、民主主義が破壊されたのは彼がずっと前に政権を取ったときからだと言って、彼のことを皮肉った。

　独裁者。鉄の爪。権力狂い。これらが、この人物がどんな人なのかを表現するためによく使われるレッテルなのだ。彼が22年間行政を担い、5回の総選挙で3分の2以上の大差票を得て勝利し、在任期間が最も長いマレーシア首相になったという理由だけで、これらのレッテルが使われたのである。

　それらのレッテルは、本当に正しいのか？彼は、本当に民主主義を破壊したのか？彼は、独裁者なのか？

　その前は、一体だれが独裁者だったのか？

　独裁者というのは、人気がないにもかかわらず、権力を放棄することを拒む人のことを指すのである。独裁者というのは、召喚や投獄などの様々な脅威を与え、反対勢力を抑圧する人のことを言うのである。ほかにも、国家の富の分配を拒否したり、差別したり、社会活動を妨害したり、情報規制をしたりする人のことを独裁者と言っているのだ。

　第一に、この「民主主義破壊者」の批評家たちは、次のことをよく理解できていないようである。マハティールは、自分のことを民主主義者だと自認したり、表現したりしたことは一度もない。ほかの政治家が、民主主義、人権、自由主義、そして、イスラムを政治の基盤にしようと

しているのとは大違いである。

一方で、彼は、実践を重視する人であり、国家を発展させるのに効果的と思われるものを、民主主義要素の中から取り出して活用しているのである。

いずれにせよ、民主主義を100％実践しているのではないからといって、マハティールが独裁者や民主主義破壊者になるわけがない。また、マハティールは、人権擁護団体や民主主義運動に自分自身を「売った」ことは一度もなく、彼が22年間やってきたことは、民主主義破壊者のレッテルとは似ても似つかぬものである。

政治面から見ると、この民主主義破壊者は、選挙区から最も多くの指名を得たにもかかわらず、1988年の党内選挙で負けそうになった。そして、彼の対抗者が党を去り、新しい党を立ち上げたことによって、総選挙で争うことが必至になったのである。

そして、新小党が敗北したとき、その党の指導者と党員は、マハティールの党、つまり独裁者が導いている党に加わるように誘われた。彼らは、再び党に入る機会を与えられただけでなく、党と政府の重要な地位も与えられた。

その元小党の指導者の何人かは、閣僚に入ることになった。そして、そのうちの一人が副首相に任命された。その人が後に、マハティールという名の独裁者の後任になるのである。

おそらく、その時点で、民主主義破壊者は、他国における独裁者たちがどのようなものかを知らなかったのであろう。彼らは通常、自分の子や親族を後継者に指名するのである。

多分、外国の独裁者たちは、マハティールに助言しなかったのだろう。マハティールは、自分の家族に対して、政治活動を禁ずるという命令を撤回しなかった。

　一方で、マハティールは、助言者たちから誤ったアドバイスをもらい、自分への反対派も含めて、ほかの政治家の子供たちが活発に政治活動をするのを認めることになった。

　この民主主義破壊者の、なんと不幸なことか。彼の家族は、ケネディの家族、カストロ、または、ラザクの家族のように、その国の政治的な舞台で名が知られ、尊敬されている家族ではないのだ。

　マハティールの家族？彼が首相を辞めてはじめて、彼の子供たちは、政治活動を許されたのである。

　彼の統治期間における、方針や政策についてはどうなのか。

　通常、民主主義破壊者は、裁判所と警察を支配する。よって、裁判所が首相の属する政党に法令違反の判決を下したのは、極めて珍しいことであった。しかも、当時の首相は、独裁的な統治をすると言われていたのである。

　他の独裁主義国にいた場合、おそらく裁判官は隣国に移住し、自分の人生を持ち直させるために回想録を書かなければならないことだろう。しかし、マレーシアでは、該当裁判官は連邦裁判官に昇格したのだ。

　元裁判所長官自身の話によると、彼が交代させられたのは、当時の首相が彼に手を焼いていたからではない。彼が、王家の改修をめぐる騒動に関して、全ての国王たちに手紙を書くという不敬な振る舞いをしたからであった。
　したがって、国王は、司法に対する絶対的な権力を持つ国家元首として、首相に裁判所長官を交代させるように命じたのである。

　驚くべきことに、この民主主義破壊者は、裁判を起こすべく骨を折り、（汚職の罠にはまりやすい）海外の裁判官を呼び寄せ、そして、裁判所長官の問題について議論した。

裁判長が誘拐されたり、証拠もなく消え去ったり、海に投げ捨てられたりした方が、ずっと簡単だったのではないか。これらは、他国の独裁者、あるいは民主主義破壊者の常套の手段である。更に不思議なことに、この元裁判所長官は、1995年にレンバ・パンタイ地区における選挙で、この独裁者の政党を相手に、何の制限もなく争っていたのである。

1998年に人気のある副首相が解任され、不正行為で起訴されたとき、裁判所は、カンガルー裁判（いかさま裁判）というレッテルを貼られていた。カンガルーが裁判所に入ってきて、判決を決めたとしても、そんなにおかしくないほどだった。

そして、奇妙なことに、同じ裁判所が被告人を釈放したが、同じ訴訟に対して、一度ではなく、二度も同じことをしたのである。

批評家はおそらく、この釈放は、民主主義破壊者がもはや政府にいなくなったからできたのだと言うであろう。そのとおりである。

しかし、ある独裁者の影響は、行政、立法、司法のあらゆる組織に及んでいたと言われているが、その影響が、彼の引退後、一年足らずで消えてしまったのはどうしたことだろう？

独裁者に選ばれた新首相が、独裁者による影響力を跳ね除けて行動し、政府の支配から裁判所を解放したというのは、論理的ではない。おそらく裁判所が、元々、制圧から自由だったのではないのか？

マレーシアは、国内におけるインターネットの自由を規制しないことを約束した。この約束をしてから15年後、そして、もはや政権を握っていない時点になってはじめて、民主主義破壊者はインターネットの規制を要請した。

彼はおそらく自分が引退した後に、マレーシア国民がインターネットを駆使して、自分に対する批判や侮辱、憎しみをぶつけてくることを予

期したのであろう。おかしなことに、この独裁者は、インターネット上で自分を誹謗中傷する人たちを訴えて、裁判所に突き出すことを忘れていたのではないだろうか。

　カンガルー裁判所が、自分に同意しない人々を罰したいという彼の要望に応えることは、十分にあり得たのではないのか？

　フランスの独裁者、ナポレオン・ボナパルトは、南イタリアで人生の終焉を迎えた。イディ・アミンは引退後、リビアとサウジアラビアで過ごした。シャー・イランは、エジプト、モロッコ、そして、アメリカへと逃げ回った。フェルディナンド・マルコスは、引退後はフィリピンに住まわずに、ハワイに定住した。

　結論として、独裁者は、人生の終盤を海外で迎えることが多いのだ。自分で決めてそのようにする人もいるが、自国にいては身の安全が脅かされるために、仕方なく海外に身を隠さなければならない人もいるのだ。

　しかし、マレーシアの独裁者かつ民主主義破壊者は、引退後もマレーシアに住むことを選び、プトラジャヤの執務室から、イスラム博物館やプロトンまで、特別な警戒なしに、自由に行き来することができる。

　なぜ彼は、身の危険を感じ、恐れたり、不安になったりしないのか？彼は本当なら、敵に追い回され、恐怖の中で生きているのではないのか？

　この第四代目マレーシア首相は独裁者であり民主主義破壊者であるとまだ考えている人がいるのであれば、彼らは必ず事実を直視しなければならない。この独裁者が、権力と人気が最高潮のときに辞任した、世界で最初の独裁者かもしれないのである。

違法行為が合法となる
この世の一時の快楽のため、アッラーの名が利用され、売り物にされる

我が民族は後退するのか？
植民地化、屈辱、奴隷化された民族になる
ああ、我が民族よ
そんなにも忘れやすいのか
私はもうすぐ逝ってしまう
私は目を閉じ、最後の息を吐けるのか
我が民族のために
祖国のために
まだ栄光がある
まだ尊厳がある
まだ敬意を払われている
私は目を大きく見開く
私の息が詰まっている、止まっている
掴み取った全てが、欲望に飲み込まれ、消えたからだ

アッラーよ、我が民族を守り給え
彼らを目覚めさせ給え
御神は民族の運命を変えないことに気付かせ給え

民族自身が変わろうとしない限り
自分を変える、欲望を断ち切る
アッラーのため
宗教のため
民族のため
祖国のため
逝かせてほしい
目をしっかり閉じる
息がゆっくりと止まる…

マハティール・ビン・モハマド

最後には、みんな逝く。

どんなに高くのぼりつめても、そこまでだ。いつかは、自分の番だ。

我々は、受け入れるのだ。

（「ワンアワークローザー」インタビュー、インドネシア TV ONE、
2016年）